대치동 엄마들의 대원외고 합격 전략

대치동 엄마들의 대원외고 합격 전략

ⓒ 김은실, 2006

초판 1쇄 인쇄일 | 2006년 8월 23일
초판 2쇄 발행일 | 2006년 9월 19일

지은이 | 김은실
펴낸이 | 김동영
펴낸곳 | 이지북

편   집 | 이선주
제   작 | 김동영 · 조명구

출판등록 | 2000년 11월 9일 제10-2068호
주소 | 121-840 서울시 마포구 서교동 395번지 172호 상록빌딩 2층
전화 | 편집부 (02)324-2347, 영업부 (02)2648-7224
팩스 | 편집부 (02)324-2348, 영업부 (02)2654-7696
e-mail | ezbook21@hanmail.net

ISBN 89-5624-269-0 (03370)

값 15,700원

대치동 엄마들의
" 대원외고
합격 전략 "

| 김은실 지음 |

이지북
ez-book

학원이나 학교에선 얻을 수 없는 '고품격 외고 입시 정보서'가 되길……

교육인적자원부는 '평준화'를 부르짖지만, 현실은 '비평준화'로 달려간다.

교육인적자원부와 대학 당국은 계속 숨바꼭질을 하고 있다. 술래인 교육인적자원부는 숨은 '비평준화의 흔적'을 찾아내려고 애쓰고, 대학은 더 깊이 꽁꽁 숨기려 이리저리 도망 다니는 교육의 술래잡기.

대원외고는 교육의 '비평준화'와 '평준화'의 술래잡기 과정에서 탄생한 최고 명문 학교이다.

'외국어 교육'의 중요성이 높아지고, 사교육 의존도가 비정상적일 만큼 심화되며, 해외 명문 대학으로의 진학이 급증하는 현 시점에서 대원외고는 이러한 내적 외적 조건들을 두루 갖추었고, 이런 이유로 '평준화' 시대임에도 불구하고 보란 듯이 자타가 공인하는 '국내 최고의 명문 학교'로 자리매김할 수 있었다.

대원외고를 '제2의 경기고등학교'라고도 부르지만, 서울 최고의 명문 고등학교 선후배 사이인 두 학교는 시대가 변한 만큼 차이가 있다.

전국의 수재들이 몰린 학교가 '경기고등학교'라면, '대원외고'는 강남권의 수재들이 대거 몰린 학교라는 점을 가장 큰 차이점으로 꼽을 수 있다. 바꿔 말하면 '강남권의 수재'들이 몰렸기 때문에 '전국 최고의 명문 외국어고'가 되었다고도 할 수 있겠다.

사교육 의존도가 높아지면 경제력이 교육의 경쟁력이 되고, 그러니 대한민국에서 돈이 가장 많은 지역인 강남권 학생들의 학력이 높아지는 것은 당연한 논리인지도 모르겠다.

교육의 빈익빈 부익부, 지역 간 교육 격차 심화, 비정상적으로 높은 사교육 의존도, 공교육의 부실화, 그리고 교육부와 대학 간의 줄다리기…… 우리 앞에 놓인 교육계의 빛과 그림자들을 안고 태어난 학교인 만큼 필자는 '대원외고'를 주인공으로 책을 쓰고 싶었고, 책을 통해 교육의 현실에 현미경을 들이대고 싶었다.

이 책은 전국의 외국어고등학교 입시를 준비하는 학생들에게 학원이나 학교에서는 얻을 수 없는 또 다른 차원의 정보를 제공해 줄 것이다. 외국어고의 위상이 어떠한지, 대학 합격에 얼마만큼 유리하고 불리한지, 명문 고등학교에 다니면서 받는 특혜가 어느 정도인지…… 전국 최고 수준인 '대원외고'의 이름으로 거두어들인 만큼, 고품격 외고 입시 정보서가 되리라 믿는다.

2006년 8월 김은실

●●● 목차

머리말

PART *3*

대원외고 엄마들의 대원외고 합격 전략

강남 엄마들의 '대원외고 특별 사랑', 왜?

'대원외고'와 '非대원외고'로 이분화되는 현상까지 발생하는
대원외고 열풍! 전국에서 교육 열성이 가장 높은
강남 엄마들이 대원외그를 으뜸으로 꼽는 이유에 대해 알아본다.

PART 1

강남 엄마들의 '대원외고를 향한 사랑', 왜?

강남은 전국에서 가장 학력이 높고, 부모들의 교육 열성 또한 가장 높은 곳이다. 최첨단 교육 정보도 강남에서 만들어져 전국으로 퍼져 나가며, 최첨단 사교육 기관도 일단 강남에서 시범적으로 문을 연 뒤에 성공을 하면 자신 있게 전국을 대상으로 마케팅을 펼친다.

이런 강남의 엄마들이 고등학교 중에서는 단연 '대원외고'를 으뜸으로 친다. 요즘 '대한민국 최고의 신붓감은 강남 8학군에 살면서 대원외고를 졸업하고 서울대에 진학한 여성'이라는 말이 회자될 정도이다. 이렇듯 '대원외고'와 '非대원외고'로 이분화되는 현상이 발생되는 이유는 무엇일까?

귀족적인 학교 분위기, 압도적으로 많은 강남권 학생들로 결성된 학맥과 인맥을 중요시하
는 풍토가 강남 8학군 엄마들의 대원외고 사랑을 부추긴다.

    굳이 강남 8학군 엄마들의 성향을 들먹이는 이유는 강남
8학군이 전국에서 가장 높은 학력을 유지하고 있기 때문이
다. 따라서 그들의 교육에 관련된 일거수일투족은 전 국민
의 관심 대상이 된다.

    그런데 그런 강남 8학군의 엄마들이 으뜸으로 치는 고등
학교가 '대원외국어고등학교(이하 '대원외고')' 이다. 바꿔
말하면 서울에서 난다 긴다 하는 인재들이 대거 대원외고로
몰리고 있다는 증거라고도 볼 수 있다. 실제로 2006년 신입

생을 분석한 H 수학 전문 학원 자료에 의하면, 대원외고 일반 전형 합격자 269명 중에서 강남구와 서초구 출신이 66명으로 24.5%를 차지했다고 밝히고 있다. 이렇듯 4명 중 1명이 강남 8학군 출신인 셈인데, 여기에 강남 권역인 분당과 송파 출신까지 합하면 50% 이상을 차지할 것으로 예측하고 있다.

특수목적고등학교(이하 '특목고') 합격생을 다수 배출하기로 유명한 강남구 압구정동의 J학원 측에 의하면 "이 동네 엄마들의 대원외고 사랑은 아주 특별합니다. 실력이 된다고 해도 민족사관고등학교(이하 '민사고') 등 자립형 사립고나 영재 학교인 부산과학영재고도 별로라고 생각해요. 귀족적인 학교 분위기, 압도적으로 많은 강남권 학생들로 결성된 학맥과 인맥을 중요시하는 풍토가 원인이 아닐까 생각합니다"라고 말한다.

물론 지리적인 이유도 무시할 수 없다. 특목고 중에서 강남권과 가장 인접한 학교라는 점도 강남권 출신 학생 수가 압도적인 중요한 이유 중 하나이다.

대원외고를 현대판 경기고로 여기는 인식은 전국적으로 확산되어 있다. 부산에 사는 주부 H씨는 "대원외고는 지방의 외고에 비하면 남다르다는 생각이 들어요. 공부 잘하고 돈 많은 집 아이들이 가는 학교라는 이미지가 강하거든요"라고 대원외고에 대한 소감을 밝힌다.

강남에 거주하는 엄마들 친목 모임에서의 대화를 엿보면 대원외고의 위상을 더욱 실감할 수 있다. 그들은 "대원외고 학생들이 밤늦게 다니면 '공부하느라고 얼마나 힘들까, 기특하기도 하지!' 하면서 애정 어린 눈으로 바라보는데, 일반 고등학생들이 똑같은 행동을 하면 '이 늦은 시간에 집에 안 들어가고 어딜 헤매는 거야?' 라고 의심 어린 눈으로 바라봐요"라고 웃으며 말한다. 또 어떤 엄마는 대원외고 교복 입은 아이만 봐도 얼굴을 다시 한 번 쳐다본다고 한다.

　과거 비평준화 시절, 한국 최고의 명문이었던 경기고, 서울고, 경복고 등의 위상은 어떠했는가. 명문고생들이 교복을 입고 동네에 나타났다 하면 모두가 판검사라도 보듯 부럽고 존경스러운 눈빛으로 바라보았다. 또 명문여고생들은 빳빳하게 칼라에 풀을 먹여 세워 입고 다니면서 콧대가 높아 옆도 잘 돌아보지 않았다. 이렇듯 명문고생들은 미래 사회를 이끌어 가는 엘리트로 미리부터 인정을 해 주는 것이 당시 전반적인 사회 분위기였다.

　이 정도는 아니지만, 평준화 시대의 대원외고 학생들의 자부심 또한 명문대생 못지않다. 과거 명문대에 진학한 후 신입생 때 그 자랑스러움을 학교 배지를 달고 다니며 은근히 뽐냈던 경험이 있었던 사람이라면 대원외고생들의 기분을 이해할 것이다.

　서울과 경기도 과천, 안양, 분당 등의 지역으로 매일 오전 오후 두 번씩 대원외고의 스쿨버스가 도는데, 그때마다 스쿨버스를 바라보는 일반 학부모들의 시선에는 부러움이 가득 담겨 있다.

자녀가 일반 고등학교에 재학 중이라는 강남구 대치동의 T씨는 "대원외고 스쿨버스가 오갈 때마다 절로 고개가 돌아가요. 그리고 그 버스에서 내리는 아이들은 왜 다들 예뻐 보이는지……. 우리 아이도 보내고 싶었는데 실력이 부족해 포기했거든요. 강남 엄마들 대부분이 저처럼 부러운 눈으로 대원외고생들을 바라보죠"라고 말한다.

심지어 대원외고생 중에는 "이런 분위기를 스스로 즐기고 싶어서 집에 와서도 좀처럼 교복을 벗지 않는다"고 고백하는 학생들도 있다. 물론 한창 자부심이 하늘을 찌르는 신입생 시절의 이야기이다. 대원외고 1학년 E군은 "한동안 집에 와서도 교복을 벗기가 싫었어요. 스쿨버스를 타고 오갈 때나 교복 차림으로 학원에 갈 때면 시선이 느껴져요. 특히 고등학교 학생들과 학부모들이 유심히 바라보죠. 부끄럽지만 입학 초기에는 근처 슈퍼마켓에 갈 때도 교복을 입고 갈 정도였어요"라고 말한다.

이렇듯 대원외고생들이 사회적으로 '튀는'지라, 그 이면에서 질투와 시기의 대상이 되기도 한다.

대원외고생들은 야간 자율 학습이 없는 수요일과 주말에만 시간이 있다는 특성 때문에 대원외고 그룹들끼리 뭉쳐서 특강반을 개설해 수강을 듣는 경우가 많다. 이들 자체가 살아 움직이는 홍보물이기 때문에 이들이 어떠한 요구를 하더라도 학원과 강사들은 들어줄 수밖에 없다.

　강남에 위치한 Y고등학교에 아들이 재학 중이라는 학부모 L씨의 푸념을 들어 보자.

　"얼마 전 대치동에 있는 논술 학원에 찾아가서 아이를 등록시켰어요. 마침 대원외고생들이 대부분인 논술 특강반이 운영 중이어서 그 반에 집어넣었지요. 아이는 대원외고생들과 공부를 한다니까 시작도 하기 전에 긴장을 하더라고요. 그런데 며칠 후에 학원 측에서 연락이 왔어요. '대원외고생 엄마들이 타 학교 학생이 끼는 것을 원치 않는다'고 했다면 대원외고생들은 야간 자율 학습이 없는 수요일과 주말에만 시간이 있다는 특성 때문에 그룹끼리 뭉쳐서 수강을 듣는 경우가 많다. 대원외고생 10여 명이 팀을 짜서 유명 학원을 찾아가면 거의 예외 없이 특강반이 개설된다.

서 우리 아이를 다른 반에 등록시켜야겠다는 통보였어요. 얼마나 기분이 나쁘던지……"

이렇게 말하며 고개를 흔든다.

학원에서 대원외고생들의 대접은 '귀족급'이다. 학원은 우등생들을 많이 유치하면 그 학생들 자체가 살아 움직이는 홍보물이다. 장학금을 주어서라도 유치하고 싶은 것이 학원 측의 욕심이다. 대원외고생들은 야간 자율 학습이 없는 수요일과 주말에만 시간이 있다는 특성 때문에 그룹끼리 뭉쳐서 수강을 듣는 경우가 많다. 대원외고생 10여 명이 팀을 짜서 유명 학원을 찾아가면 거의 예외 없이 특강반이 개설된다. 물론 '최고로 잘나가는 선생님을 배정해 달라'는 엄마들의 요구 역시 최대한 반영된다. 학원에 등록하고 싶어도 '대기자 명단에 올려놓아야 한다'는 얘기에 마냥 기다리기만 하는 중하위권 학생들은 이런 고자세의 대원외고생들이 부럽기도 하지만, 때론 얄밉기도 할 법하다.

그러나 대부분의 대원외고 엄마들은 '유명 학원'보다는 '변두리 보습 학원'을 더 선호한다고 한다. 그 이유는 자기 입맛에 맞는 강좌를 개설하기에 만만하기 때문이다.

압구정동에서 보습 학원을 운영하고 있는 D씨의 말을 들어 보자.

"얼마 전 대원외고생 엄마들이 찾아왔어요. 15명을 모았으니 언어영역 강좌를 만들어 달라는 거예요. 원하는 강사까지도 알아 왔더라고요. 반을 만들어 그 강사를 초빙해서 강의를 해 달라는 주문이었어요. 그렇지만 이런 요구를 거절할 학원은 거의 없어요. 대원외고생들이 많이 다닌다는 것 하나만으로도 충분한 광고거리가 되거든요."

그룹을 만들고 강사를 초빙하는 데 대장 노릇을 하는 엄마들이 꼭 있다. 이 엄마들의 입김은 매우 거세다. 성적이 우수한 자녀를 둔 활동적인 엄마들이 주로 대장 역할을 하는데, 이 엄마들의 눈 밖에 나면 동료 엄마들이나 학원 모두 곤란한 면이 많다고 한다.

"논술팀을 모으는데 함께 하자는 전화가 왔어요. 'O요일 O시 괜찮지?'라고 마치 명령하는 투여서 기분이 나빴지만, 따르는 수밖에 없었지요. 만약 싫다고 거절하면 자칫 타 학교 학생들과 섞여서 공부를 해야 하는 등의 불이익이 떨어질 확률이 높거든요."

대원외고 1학년생 엄마의 경험담이다.

대원외고의 이름으로 팀이 결성되면 무소불위의 권력이 행사되는 셈인데, 엄마들은 학원뿐만 아니라 강사들에게도 고압적이라고 한다.

"강좌를 개설하기에 인원이 부족한데도 대원외고팀이기 때문에 하는 강사들이 꽤 있어요. 잘하는 아이들을 가르치면 입 소문이 나는데다 그중에서 서울대라도 몇 명 들어가면 일거에 '인기 강사'로 솟구칠 수 있거든요. 엄마들의 요구 사항도 많아요. '학교에서 읽으라는 책으로 해 달라!', '토요일은 학교 행사 때문에 시간이 안 되니 일요일로 옮겨 달라!' 등등 강사 스케줄과는 상관없는 요구를 많이 하지요. '곤란하다!'고 발뺌을 하면 '왜 안 돼요?'라며 반문을 해요."

강남 보습 학원에서 언어영역을 가르치는 강사 C씨의 실제 체험담이다.

대원외고 엄마들의 파워는 이렇듯 거세서 학원과 강사까지도 좌지우지할 정도이다.

대원외고의 '귀족적인 분위기'를 즐기는 강남 엄마들

'가진 자'들이 특혜를 누리는 자본주의 사회에서 이미 '대원외고'는 '돈 없으면 다니기 힘들다'는 인식이 지배적이다. 특히 강남권 출신이 많은 대원외고는 '럭셔리한 귀족 학교'라는 브랜드 이미지를 갖고 있다.

　　대원외고, 외대부속외고 등 특목고와 자립형 사립고 등이 '귀족 학교'라는 사회의 지탄을 받고 있다. 자본주의 사회에서 '가진 자'들이 특혜를 누리는 것은 어쩌면 당연한 일일지 모른다. 그러나 평등한 기회가 부여되어야 하는 교육의 장에서마저 '가진 자'들이 특혜를 누리는 것에 대해서는 사회적인 반감이 클 수밖에 없다.

　　이런 속에서도 툭 터놓고 말해 '대원외고는 돈 없으면 다니기 힘들다!'라는 인식이 일반적인데, 그 말은 어느 정도

맞다.

학교 측의 자료에 의하면 '스쿨버스 비용이 학기당 60만 원, 교납금은 분기당 1,080,000원'이라고 명기되어 있다. 그러나 이는 눈에 보이는 비용일 뿐이다.

예를 들어 1학년 여름방학 때는 기말고사가 끝나고 전교생 대부분이 해외 체험 캠프에 참여한다. 각 전공별로 독일어과는 독일, 불어과는 프랑스 등으로 지역이 정해지며, 희망자에 한해 금강산이나 몽골 등을 선택하기도 한다. 지역에 따라 비용의 차이는 있지만 해외일 경우 총 300만~400만 원 정도의 비용이 소요된다.

현재 정원 105명으로 3개 반이 운영되고 있는 국제반은 학비가 더 비싸다. 교사진 다수가 하버드, 예일 등 명문대 출신 교포나 원어민 교사이다 보니 특강료 명목으로 내는 학비만 해도 상당하다. 월 평균 100만 원이 넘는다. 게다가 학비 외에도 국제반은 봉사 활동을 국내가 아닌 해외에서 하는 경우가 많다. 외국 대학에 한국에서의 봉사 활동이 '점수를 따기 위한 형식' 차원에서 운영된다는 사실이 알려지면서 국내 봉사 활동 실적을 외국 대학들이 제대로 인정해 주지 않기 때문에 봉사 활동을 해외로 떠나는 것이다.

최근 캄보디아로 봉사 활동을 다녀온 R군은 "캄보디아에 가서 집을 지어 주고 왔어요. 비행기 값, 숙식비 등을 포함해 300만 원 이상이 들었어요. 값비싼 봉사 활동인 셈이지요"라고 말한다.

공식적으로 학교에 내는 돈 외에 사교육비도 만만치 않다. 학교에서는 매일 늦은 시간까지 자율 학습을 시키지만, 자율 학습이 없는 수요일과 주말에는 거의 대부분의 학생들이 실력을 보충하기 위해 사교육을 받는다. 국제반은 SAT(미국대입자격능력시험)와 AP(사전학점이수제)를 보강하기 위해 유학 전문 학원에 다니기도 한다. 그러나 대원외고생들의 특별함 때문에 사교육비도 평균치보다 비싼 편이다.

"최근 대원외고생 논술 그룹에 끼었어요. 대치동에서 잘나가는 유명 강사가 가르치는데, 주 1회 강의에 월 80만 원을 내요. 시간이 한정되어 있어서 그룹 지도나 개인 지도를 받는 아이들이 많아요. 논술 외에도 영어 토플반 수업을 듣고 수학 개인 지도를 받는데, 사교육비만 200만 원가량이에요."

대원외고생을 자녀로 둔 학부모 C씨의 말이다.

결론적으로 말해, 정해진 학교 납입금과 교통비 외에 사교육비까지 월 300만 원 가까이 교육비로 나가는 셈이다. 이런 이유 때문에 가고는 싶지만 경제력이 부족해서 마음을 접는 경우도 꽤 있다고 한다.

숨겨진 이야기 하나를 소개하겠다.

대원외고생을 비롯 특목고생들을 다수 가르치는 등 실력

최근 대원외고생 논술 그룹에 끼었어요. 대치동에서 잘나가는 유명 강사가 가르치는데, 주 1회 강의에 월 80만 원을 내요. 시간이 한정되어 있어서 그룹 지도나 개인 지도를 받는 아이들이 많아요. 논술 외에도 영어 토플반 수업을 듣고 수학 개인 지도를 받는데, 사교육비만 200만 원가량이에도

을 인정받아 대치동에서 인기 강사로 활동하고 있는 K씨의 이야기를 들어 보자.

"얼마 전 경기도권의 우수한 외고에서 한 학기를 채우지 못하고 강남권 학교로 전입한 제자를 봤어요. 힘들게 들어가서 왜 전입했느냐고 묻자 '물이 안 좋아서요'라고 말하더라고요. 대부분 중학교에서 최상위권이었던 친구들이었는데도 강남권 아이들의 뛰어난 영어 실력과 수학 등 기본 바탕 실력에 비하면 수도권 아이들의 실력이 그만큼 처진다는 얘기였어요. 그리고 집을 떠나 생활하는 것도 힘들고, 내신에 대한 압박감도 견디기 힘들었다고 하는데, 경제적인 수준의 차이로 인한 감정적인 트러블 또한 견디기 힘든 요인이었다고 해요."

강남권 출신이 많은 대원외고는 이미 '럭셔리한 귀족 학교'라는 브랜드 이미지를 갖고 있다. 필자가 지방 강연회에 가서 학부모들에게 서울과 수도권에 있는 외고 중에서 최고라고 생각하는 학교가 어디냐고 물으면 입을 모아 "대원외고"라고 말한다. 그리고 "공부도 잘해야 하지만 돈 많은 집 아이들이 가는 학교"라고 덧붙이곤 했다.

한국은 물론 세계의 중심 미국권까지 네트워크가 연결되어 있는 대원외고는 법조계뿐만 아니라 엘리트들이 모이는 언론계, 정계와 관계, 의료계 등에 이르기까지 화려한 인맥과 학맥 등이 안정적인 결속력을 자랑하고 있다.

실력이 아닌 학맥과 인맥이 좌지우지하는 풍토는 물론 개선의 여지가 있다. 기성세대의 학맥과 인맥의 대표 주자는 그동안 경기고—서울대, 또는 경복고—서울대 등이 파워 1위였다. 그들은 사회 각계의 요직을 차지하며 엘리트 군단으로 왕성하게 활동하고 있는데, 그들의 학맥과 인맥은 비판과 동시에 선망의 대상으로 자리매김해 왔다. 강금실 전 법무부 장관, 노정혜 서울대 연구처장 등은 '경기여고—서울대 출신'이라는 것만으로 당시 '경기'의 명성을 알고 있최근 몇 년 사이 대원외고의 활약상은 눈이 부실 정도이다. 전국의 외국어고 중에서 서울대 진학률이 가장 높은 만큼 외국어고 중에서도 그 문턱이 가장 높은 학교로 인식되고 있다.

는 사람들이 '역시 경기여고' 하면서 직·간접적으로 그들의 능력을 인정해 줄 정도였다.

이러한 명성을 최근엔 '대원외고'가 가장 엇비슷하게 이어 가고 있다.

대원외고가 첫 신입생을 받은 지 23년 개교 원년인 1984년에는 '외국어를 잘하는 학생이 가는 특수한 학교' 정도로만 인식되었을 뿐, 사회적인 주목을 받지는 못했다. 그러나 특목고로 전환한 1990년 초반 이후부터 외국어의 중요성이 전 사회적으로 부각되고 고교 평준화의 불합리성을 탈피하려는 우등생들을 중심으로 특목고 진학 바람이 불기 시작하면서, 지금은 '우등생들이 가는 특별한 학교'로 인정을 받고 있다.

그도 그럴 것이, 최근 몇 년 사이 대원외고의 활약상은 눈이 부실 정도이다. 전국의 외국어고 중에서 서울대 진학률이 가장 높은 만큼 외국어고 중에서도 그 문턱이 가장 높은 학교로 인식되고 있다. 또 전국을 통틀어 서울대 진학률이 가장 높을 정도(2006년 기준, 77명 입학)로 우수한 인재를 매년 다수 배출해 내고 있다.

학맥과 인맥도 단연 화려하다. 최근 통계에 따르면 2002년부터 2006년까지 사법 연수생 4,820명의 출신 학교를 분석한 결과 2002년에는 특목고 출신이 사법 연수원 입소자의 3.7%였는데, 2006년에는 12.9%로 늘어났다고 한다. 또 최근 5년 동안 사법 연수생을 많이 배출한 상위 10개 고교 중에서 외국어고가 3개 학교나 진입했다. 교육부 통계에 의하면 특목고는 전국에 82개로 전체 고교 2,095개의 3.9%를 차지하는데, 이는 학교 수 대비 우수 학생들의 밀집 정도를 알 수 있는 통계 자료이다.

2002~2006년 사법 연수원 입소자 출신 고교는 대원외고가 167명으로 가장 많았는데, 2위를 차지한 한영외고(69명)에 비해 압도적으로 우세했다. 반면 전통적인 명문고는 입소자 수가 격감해 10위권 내에는 9위인 경기고(3명)만이 겨우 포함되었다.

또 다른 통계에 의하면 판검사 출신 고교 '빅3'가 과거 경기고—경복고—광주일고였는데, 최근 5년 동안에는 순천고—대원외고—휘문고로 바뀌었다고 한다. 대법원이 2005년 발표한 지방법원 부장판사급 이하 정기 인사 자료에 따르면 2월 21일자로 신규 예비 판사에 임용된 새내기 법관 98명 중 외고 출신이 10명으로 전체 10%를 차지했다. 또 이중 6명이 대원외고 출신이어서 화제가 되기도 했다.

대원외고는 그동안 서울대 1,908명, 고려대 2,349명, 연세대 1,978명을 진학시켜 이미 국내 명문 대학의 인적 네트워크에서는 안정권에 접어든 상태이다. 이들 각 대학에서는 대원외고 선배들이 후배들을 애틋하게 잘 챙겨 타 학교의 부러움을 산다는 입 소문까지 나 있다.

해외 인맥과 학맥 또한 화려하고 쟁쟁하기가 국내 1위이다.

대원외고는 2000년도부터 6년 동안 미국 대학에 꾸준히 재학생들을 진학시켰는데 하버드, 예일, 프린스턴 등 아이비리그를 비롯해 해외 명문 대학에 지금까지 196명(2005년 기준)을 진학시켰다. 2004년도에는 유학반 61명 전원이, 2005년도 역시 유학반 49명 전원이 미국 명문대에 합격했는데, 49명 중 19명이 아이비리그에 합격했다. 이런 이유로 국제연합, 로펌, 세계 금융회사 등에 진출한 해외 동문들의 파워 또한 대단하다.

참고로 말하면 대원외고는 2006년 국제반을 105명 모집하는 것을 비롯해, 매년 국내 서울권 외고 중에서 수적으로 가장 많은 유학반을 운영하고 있다. 타 외고에서는 유학반을 확대하고 싶어도 경제적인 여건이 닿지 않아 반 하나를 만들기도 어려울 정도로 소수의 학생이 신청하기 때문에 해외 명문대 진학률이 상대적으로 낮은 편이다. 2005년 기준으로 보면 서울 한영외고는 15명, 서울 대일외고는 22명을 해외 대학에 진학시켰다. 수재들의 학교라고 알려진 민족사관고의 외국 명문대 재학생 수가 총 90명이 안 되는 것에 비하면 수적 우세의 정도를 짐작할 수 있다.

즉 대원외고와 경기고의 차이점이라고 한다면, 바로 이러한 '글로벌 네트워크' 일 것이다. 경기고는 한국이라는 우물

안에서만 엘리트였지만, 대원외고는 한국은 물론 세계의 중심 미국권까지 네트워크가 연결되어 있기 때문에 과거 경기고에 비해 더 네트워크가 파워풀하다.

다방면의 사회적인 네트워크 또한 화려하고 쟁쟁하다. 법조계뿐만 아니라 엘리트들이 모이는 KBS, MBC 등 언론계에 대원외고 출신이 200여 명이나 재직하고 있고, 정계와 관계, 의료계 등에도 대원파들이 벌써 안정적인 네트워크를 형성하면서 결속력을 자랑하고 있다.

나는 최고의 엘리트! 라는 자부심

'나는 괜찮은 사람이다' 라는 자부심은 실력 이상의 사회 경쟁력으로 작용한다. '소수 정예'
중 하나가 되었다는 자부심은 선후배 간의 돈독한 관계의 자부심에서도 비롯된다. 매년 동
아리 신입생 선발 때마다 모교 선배들이 직접 심사를 해 주는 등 이미 사회로 진출해 성공
한 다수의 대원외고 출신 선배들이 후배들에게 막강한 자부심을 심어 준다.

　　'나는 괜찮은 사람이다' 라는 자부심은 실력 이상의 사회
경쟁력으로 작용한다. '소수 정예' 중 하나가 되었다는 자
부심으로 매사에 최선을 다하려는 모습을 보인다. 이런 자
부심은 학교생활 곳곳에서 드러난다.

　　대원외고의 야간 자율 학습 분위기는 이미 소문이 나 있
다. 일반 학교에서는 공부를 하고자 하는 몇몇 학생들만 집
중을 하기 때문에 산만하지만, 대원외고는 전체 학급을 통
솔하는 교사가 한 사람뿐인데도 모두들 정규 수업 시간 이

상으로 공부에 집중한다.

선후배 간의 돈독한 관계도 자부심에서 비롯된다. 매년 학기 초에 30여 개의 동아리에서 신입생 선발을 하는데, 이 때 모교 선배들이 와서 직접 심사를 해 주기도 하고 후배들에게 밥을 사 주기도 하는 등 선심을 베푼다. 뿐만 아니라 사회로 진출해 성공한 다수의 대원외고 출신 선배들도 후배들에게 막강한 자부심을 심어 준다.

대원외고 2학년 W양은 "축제 때 잘 알려진 언론계 선배가 후배들 격려차 왔었어요. 평소에도 멋진 사람이라고 생각했었는데, 바로 동아리 직속 선배라고 생각하니 가슴이 뛰더라고요. 그리고 어깨가 괜히 으쓱해지기도 했고요"라고 말한다.

이러한 분위기를 일반 고교에서는 사실 체감하기 힘들다. 내신 반영 여파로 2004년 하반기에 외고를 포기하고 일반 고교에 진학했다는 T군의 이야기를 들어 보자.

"대원외고에 간 친구와 중학교 때 전교 1, 2등을 다투는 라이벌이었어요. 당시에는 그 친구와 제가 동등하다고 생각했지요. 그런데 고교에 진학한 이후부터 심정적으로 '차이'를 느껴요. 그 친구로부터 수업 시간 분위기, 방학 체험 캠프, 야간 자율 학습 등에 관해 들으면 저는 반에서 몇 명만 공부하던 중학교 시절을 그대로 답습하는 것 같은데, 그 친구는 벌써 몇 발이나 더 앞서 나간다는 느낌을 받거든요."

안정적인 학습 분위기와 80% 이상의 명문대 진학률

대원외고와 같이 소수 정예의 학교는 수업의 질도 높고 서로 경쟁하는 분위기여서 상위권 이상 학생들의 학력을 높이는 데 효과적이다. 때문에 매년 명문대 진학률이 80% 이상이다. 특히 서울 지역 외고 중에서도 대원외고의 명문대 진학률은 압도적인데, '서울의 외고는 1 등만 있고 2등은 없다'는 말이 나돌 정도이다.

상위권 이상의 학생들로 구성되어 있기 때문에 일반 학교와 수업 분위기에 있어 엄청난 차이가 있다. 일반 학교에서는 중위권 수준에 맞춰 수업을 하기 때문에 상위권 이상 학생들의 학습 욕구를 제대로 채워 주기 힘들다. 진도 때문에 질문을 마음대로 할 수도 없다. 이런 분위기로 인해 학교보다는 학원에 더 정을 붙이는 경우가 많다. 그러나 대원외고와 같이 소수 정예의 학교는 수업의 질도 높고 서로 경쟁하는 분위기여서 상위권 이상 학생들의 학력을 높이는 데 효과적이다.

  매년 대원외고는 2006년 77명 합격을 비롯해 서울대 진학률 전국 1위이고, 고려대 165명, 연세대 148명을 합격시켰다. 국내외 명문대 진학률이 80% 이상인데, 그 비율은 점차 높아지고 있다. 타 외고도 명문대 진학률이 비슷한 증가 추세를 보이는데, 서울 지역 외고 중에서도 대원외고의 명문대 진학률이 가히 압도적이다. 따라서 '서울의 외고는 1등만 있고 2등은 없다!'라는 말이 나돌 정도이다.

  자녀 교육의 최대 목표가 '사회 엘리트를 만들겠다'라면, 이렇듯 매년 빛나는 실적을 내는 학교에 학부모들이 애정을 쏟아 붓는 것은 어쩌면 당연한 일일지도 모른다.

서울대 및 주요 대학 국제학부 및 특기자 전형 선발 학생 증가율 분석

대 학	전형 유형	2004			2005			2006		
		수시1	수시2	정시	수시1	수시2	정시	수시1	수시2	정시
서울대	특기자					76			234	
고려대	국제화		국제학부 14		국제학부 10			국제학부 10		
	글로벌 인재								127	
	국제학부			6			10			5
연세대	글로벌 리더					35			80	
	국제학부							50		
이화여대	외국어 우수자					70			100	
	국제학 전문인	국제학부 55			국제학부 72			국제학부 72		

자료 제공: 토피아 학원

대원외고생들은 초등학교와 중학교 때 이미 '우등생'이라는 타이틀을 달고 살았던 학생들이 대부분이기 때문에, 규칙에 어긋나는 행동 등은 습관적으로 자제하는 분위기가 자연스럽게 조성돼 있다.

대원외고는 학부모들의 경제력과 학력 등이 전반적으로 높고 자녀의 진로 지도에 열성을 다하기 때문에 일탈하는 학생들이 거의 없다. 따라서 학교 측이나 학생 모두 합심해서 '공부하자!'는 분위기를 만들어 낼 수 있다. '나쁜 친구를 사귀면 어쩌나?'라는 걱정에서 벗어날 수 있다는 것도 이 학교의 장점 중 하나이다.

독어과 1학년인 J군은 학기 초에 반장 선거에 출마했다. 중학교 때까지는 누군가 추천을 해 줘서 마지못해 맡거나,

하고 싶다고 손을 들면 시켜 주는 분위기였다고 한다. 그런데 대원외고에서는 달랐다. 중학 시절 전교 부회장 출신인 J군은 자신의 경력을 내세우고 싶었지만 입을 닫아야 했다. 대부분 중 학교에서 회장, 부회장, 반장 등의 임원을 맡았던 재원들이라 전교 부회장이라는 경력은 너무나 흔하고 일반적인 경력 사항일 뿐이었기 때문이다.

이렇듯 초등학교와 중학교 때 이미 '우등생'이라는 타이틀을 달고 살았던 학생들이 대부분이기 때문에, 규칙에 어긋나는 행동 등은 습관적으로 자제하는 분위기가 자연스럽게 조성된다.

동아리 활동의 예를 들어 보자.

대원외고에는 현재 30여 개의 동아리가 운영 중인데, 합창단, 독어 연극반 등 공연 동아리의 인기가 높다. 매년 학기 초에는 동아리 신입생을 뽑느라 학교가 매우 분주해진다. 합창단 등 인기 동아리는 평균 경쟁률이 3:1이 넘을 정도여서 선배들의 심사도 매우 까다롭다.

매년 8월 말경이면 대원외고의 축제인 'FOLA'를 개최하는데, 많은 사람들에게 공개하기 위해 잠실체육관 등을 대여해 진행할 정도로 규모 또한 대대적이다.

축제 때는 각 과별로 민속춤, 모의 UN 총회, 체육대회, 응원전 등 대학에서나 볼 수 있는 수준 높은 축제 문화를 만들어 내기로 유명하다. 이런 이유로 '대원외고 학생들은 공

매년 8월 말경이면 대원외고 축제인 'FOLA' 를 개최하는데, 잠실체육관을 대여할 정도로 규모가 대대적이다. 내용 또한 대학에서나 볼 수 있는 수준 높은 축제 문화를 만들어 내기로 유명하다. 따라서 '대원외고 학생들은 공부할 때는 공부하고, 놀 때는 확실하게 논다' 는 말까지 나돌 정도이다.

부할 때는 공부하고, 놀 때는 확실하게 논다' 는 말까지 나돌 정도이다.

일단 동아리에 가입하면 선배들이 직접 돈을 내서 후배들에게 식사 대접을 하고, 졸업한 선배들까지 합세해 축하 파티를 해 주기도 한다.

파티는 노래방까지 이어지는 경우도 있는데, 동아리 환영 파티에 참여했던 1학년 O양은 "음식점이나 노래방에서 술을 마시거나 담배를 피우는 등의 탈선 행위를 하는 사람들이 전혀 없었어요. 그런데 참 재미있는 점은 모두들 평소엔 범생이처럼 보여도 놀 때는 확실하게 망가지면서 놀더라고요"라고 말한다.

부모들도 동아리 환영 파티를 한다고 하면 걱정보다는 '잘 놀다 와라!' 라며 격려해 주는 분위기이다. 그만큼 그들을 믿기 때문이다. 친구들끼리 어울려 밥 먹고 노래방까지 간다고 했을 때, 그것도 동아리 환영 파티라고 했을 때, 잔소리 없이 '잘 놀다 와라!' 라는 멘트 한마디로 끝내는 엄마들은 그리 많지 않을 것이다.

일반 고등학교에서는 동아리 활동 분위기가 사뭇 다르다. 강남의 모 여고에 다니는 딸을 둔 학부모 P씨의 이야기를 들어 보자.

"일반 고등학교에는 군대 문화가 그대로 살아 있잖아요. 선배의 말은 곧 법이고, 후배는 명령에 따라야 하죠. 불복종

하면 욕설이나 구타로 이어지는 경우도 많고요. 1학년 때 딸아이가 응원단에 가입했었어요. 환영 파티를 하는 날이었는데, 아이가 새벽 1시가 되도록 귀가를 하지 않는 거예요. 무슨 일인가 싶어 사방을 뒤지고 다녔는데, 새벽 2시가 다 되어서야 어떤 남학생 등에 업혀 오더라고요. 술에 잔뜩 취해서…… '참이슬 파티'라고 한다던가? 모 학교 남학생들과 미팅 겸 환영 파티를 함께 했다고 하더라고요."

물론 모든 학교가 다 그런 것은 아니지만 대부분의 일반 학교에서는 학업 시간이 부족하다는 이유와 탈선의 위험 등으로 인해 동아리 활동이 형식적으로 이루어지는 경우가 많은 것이 사실이다.

사회 각계각층에서의 특별대우

일반 고등학교에는 공문조차 발송하지 않은 채 대원외고 등 일부 특목고 학생들만 참여할 수 있는 각종 행사들이 사회 곳곳에서 개최되고 있다는 점은 학생들로 하여금 선민의식을 느끼게 하기에 충분하다.

　　대원외고생들 중 다수가 방학 때마다 각종 캠프에 참여한다. '캠프는 초등학교 때나 참여하는 것 아닌가?' 할 정도로 일반 고등학생들에게는 낯선 방학 문화로 비칠 것이다. 하지만 대원외고는 학교 측에서 다양한 체험을 통해 자신의 진로를 모색한다는 취지하에 방학 기간 중 관심 분야를 체험하는 캠프 참여나 인턴 활동을 적극 권장하고 있다.

　　증권 캠프, 창업 캠프, 한일 학생 교류 캠프, 전경련 캠프 등 캠프의 종류 또한 매우 다양하며, 학생들이 적극적으로 찾아가 일부러 참여하기도 한다. 캠프 참가 후 수료증 등이 수여되면 학교생활기록부에 올릴 만한 재산이 되기 때문이다.

대원외고 2학년생인 O군은 1학년 겨울방학 때 친지가 운영하는 변호사 사무실에서 인턴 활동을 한 적이 있다.

"고소장도 쓰고, 법정에 참여해 보는 등 다양한 체험을 했어요. 실무 경험을 하고 나니까 책에서 배우는 것 이상으로 배울 거리들이 많더라고요. 3일 동안 20시간 일하고 확인증을 받아서 학교에 제출했어요."

고등학생이 아르바이트 개념과는 또 다른 인턴십 활동을 한다는 것도 캠프만큼이나 타 학교에서는 경험하기 힘든 색다른 문화이다.

올 여름방학 때 삼성경제연구소에서 개최한 '꿈나무 캠프'에 참여했던 대원외고 2학년 Y군의 체험담을 들어 보자.

"나중에 알았는데 대상 학교가 부산과학영재고와 각 도의 과학고, 그리고 서울 지역의 대원외고, 이화외고, 명덕외고, 서울외고 등으로 한정되어 있었어요. 특목고생들의 잔치였죠. 2박 3일의 캠프 기간 동안 국제 변호사와 경제 전문가들의 강의가 있었고, 학생들끼리 프로젝트를 진행하고 회의를 하는 등 실전 연습도 했어요. 우리 학교는 전체 12명이 배정되어 한 반에서 1명만 참여할 수 있었는데, 3명이 신청해서 가위바위보로 정했지요."

매년 다양한 캠프에 참여한다는 Y군은 이번 캠프는 참가비 무료에 호텔급 숙소에서 머물면서 캐리비안베이를 갈 때는 품위 유지비(?)로 행사 주관 업체에서 학생들에게 소정의 용돈까지 주었다며 흡족해했다. 이를 두고 주변 사람들은 '우수한 학생을 미리 포섭하려는 업계의 작전!' 이라는 평가를 내리기도 한다.

여하튼 일반 고등학교에는 공문조차 발송하지 않은 채 대원외고 등 일부 특목고 학생들만 참여할 수 있는 각종 행사들이 사회 곳곳에서 개최되고 있다는 점은 학생들로 하여금 '내가 사회에서 특별대우를 받는구나!' 라는 선민의식을 느끼게 하기에 충분하다.

2004년 하반기에 교육인적자원부에서 '내신 비중을 높이겠다' 고 전격 발표한 이후, 외고 등 특목고생들이 불안해했던 적이 있다. 이때 대학 측에서는 우수한 인재를 확보하겠다는 계획으로 대원외고 등 특목고를 총장급이 직접 순회하며 '학교에서 내신 때문에 불이익을 당하는 일을 최소한으로 줄이기 위해 제도 보완을 하겠다' 며 달래 주었다는 기사가 신문에 보도되기도 했다.

'공부만 잘하면 뭐든지 용서된다' 고 했던가? 대원외고까지 가는 길은 참 험난하지만, 일단 합격만 하면 이렇듯 사회 각계각층에서 대접을 해 주는 분위기이니 학부모들은 또 얼마나 뿌듯할 것인가.

명문대로 진학시키기 위한 네트워크 활성화

대원외고에서는 2학년 이상이면 전교생 대부분이 각종 경시대회에 출전해 명문대로의 진입을 준비하는데, 고등학교 과정보다 훨씬 수준이 높은 법, 경제 등을 주제로 정해 서로 스터디를 하고 정보를 주고받는다.

우수한 학생들을 우수한 학교로 진학시키는 것은 어쩌면 모든 학교들의 당연한 바람일 것이다. 그러나 '평준화' 라는 기치를 내걸고 우수한 인재가 몰린 특목고를 교육인적자원부에서는 자꾸 옥죄려 드는 것이 현실이다. 물론 평등한 교육의 기회를 주자는 취지는 이해하겠지만, 그렇다고 우수한 인재를 범재화시킨다는 것 또한 고려해 봐야 할 문제가 아니겠는가. 불평등 못지않게 능력의 하향화 현상 역시 바람직하지 않다.

대학은 스스로 생존의 법칙에 의해 인재들을 되도록이면 많이 흡수하려고 한다. 그래야 학력이 높아지고, 그래야 '명문'의 맥을 유지할 수 있기 때문이다.

톱클래스의 대원외고는 일반 고등학교의 시기심을 불러일으킬 만큼 학생들의 엘리트 교육이 다방면으로 활성화되어 있고, 그 방향은 명문 대학으로 향해 있다. 구체적으로 '몇 점'이라는 가산점이 주어지지 않더라도, 톱클래스 학교이기 때문에 가능한, 물증은 없지만 심증은 가는 '눈에 보이지 않는 가산점' 제도들이 있다. 즉 대학에서 반영하는 내신, 즉 학교생활기록부에서 교과 영역도 중요하지만, 비교과 영역 역시 그 비중이 점차 높아지고 있기 때문에 소홀히 할 수가 없다. 봉사 활동과 임원 활동, 상벌, 경시대회 수상 경력 등이 중시되는데, 비교과 영역은 일단 눈에 띄는 실적이 유리하다. 누가 보더라도 '실력 평가 기준이 된다'고 인정을 받는 권위 있는 경시대회 등에서의 수상, 사회적인 인정을 받는 각 기관에서의 활동 경력 등이 대표적인 예이다.

고등학교에서 실시하는 대표적인 명문대로의 진입 준비 코스가 각종 경시대회 출전이다. 현재 대원외고를 비롯한 용인외대부속외고 등 상위권 외고에서는 고등학교 2학년 이상이면 '경시대회'를 준비하는 것이 일반화되어 있다.

올해 '생활법경시대회(법무부 주최)'에 참여했다는 대원외고 2학년 W군의 이야기를 들어 보자.

"우리 학교에서는 2학년이 되면 전교생이 거의 경시대회 준비를 해요. 경시대회에서 수상을 하면 학교생활기록부에 게재가 돼요. 꼭 가산점이 주어지는 것은 아니지만, 여하튼 대학 측에서는 권위 있는 경시대회이기 때문에 수상 실적을 어느 정도 인정해 줄 것이라고 생각하죠."

현재 법대와 상경 계열 쪽으로의 진학을 꿈꾸는 학생 외에도 전공과는 상관없이 외고생이면 거쳐야 할 기본 코스로 경시대회를 준비하는데, 생활법경시대회, 경제경시대회(재정경제부와 한국개발연구원 공동 주최), 증권경시대회(증권법협의회 주최) 등이 대표적이다. 각 대회에 참가해 수상을 하면, 장학금 수여 외에 해당 기관에서 인턴 체험의 기회를 주는 등 각종 특혜가 주어진다.

W군은 계속해서 이렇게 말한다.

"경시대회에 참가해서 책상 앞에 붙은 학교명을 훑어봤거든요. 일반 고등학생은 극소수예요. 대부분 외고생들이었어요. 대원외고와 외대부속외고생들이 그중 가장 많은 수를 차지하고 있었고요."

대부분 학생들은 1년 정도 경시대회를 준비해 참여하는데, 학원에서는 '경시대회 준비반'을 별도로 운영하는 곳도 있다. 학원 지도를 받기도 하고, 대학생 과외 지도를 받기도 하며, 강사를 초청해 그룹 지도가 이루어지기도 한다.

대원외고에서는 경시대회에 참가하는 것이 필수 코스로

자리 잡았다고 하지만, 일반 고등학교에서는 상황이 많이 다르다.

아들이 강남권의 Y고등학교 2학년인 K씨는 "강남권의 학교이지만 경시대회에 참여하는 학생은 전교에서 5명 안팎이에요. 대부분 학생들이 참여할 의사가 없거나 모르는 학생도 많아요. 대원외고에서는 반 학생들끼리 스터디 그룹을 결성하거나 그룹으로 묶어 별도 지도를 받기가 수월하지만, 참여 학생 수가 소수이다 보니 각자 알아서 찾아가 지도를 받아야 하고, 정보도 부족하고, 학교의 지원도 미미하기 때문에 여러모로 불리하지요"라고 푸념하듯 말한다. 이어서 '전교생이 거의 경시대회에 참여해 고등학교 과정보다 훨씬 수준이 높은 법, 경제 등을 주제로 정해 서로 스터디를 하고 정보를 주고받는 학교 분위기와 극소수만 참여해 대회가 있는지조차 모르는 학교 분위기는 대입 논술 구술에서 확 실력 차이가 날 것!' 이라고 덧붙인다.

김씨의 아들은 내신의 압력으로 인해 특목고에서 일반고로 방향을 돌렸는데, "지금은 너무나 후회하고 있다. 아이에게 미안하다"라고 말한다.

의외로 따듯한 동료애가 돋보여

"난다 긴다 하는 아이들이 밀집한 학교라 경쟁이 매우 치열할 것이고, 그런 분위기를 소심한 아이가 못 견디면 어쩌나 하는 걱정이 들었어요. 그러나 아이는 학교생활에 아주 잘 적응했는데, 분위기가 예상 밖으로 따뜻하더라고요."

대원외고 2학년생인 자녀를 둔 L씨의 말이다.

내신 경쟁이 치열해서 노트를 안 보여 준다든가, 다니는 학원을 가르쳐 주지 않는 등의 과열된 경쟁심이 학교를 삭막한 전쟁터로 만든다는 얘기는 심심찮게 듣는다. 비슷비슷하게 공부를 잘하고, 또 자기 성취 욕구와 승부욕이 강한 학생들이 모인 대원외고 정도라면 '경쟁심'이 더욱 치열해 분위기가 살벌할 것이라고 예측하는 사람들이 많다. 그러나 의외로 그렇지 않다.

중국어과 1학년에 재학 중인 M군의 이야기를 들어 보자.

"한국지리는 영어 원서로 배우거든요. 지리 과목 자체를 싫어해서 잘 모르고 수업도 소홀히 들었던 부분이 있어서 걱정했는데, 학교 홈페이지에 들어가니 기가 막히게 잘된 노트 필기가 올려져 있더라고요. 공유하자는 거죠. 그 노트 덕을 많이 봤어요."

프랑스에서 살다 와서 동료들에 비해 불어 실력이 뛰어난 R양은 원어민 선생님의 말을 잘 못 알아듣는 친구들에게 통역을 해 주거나, 기출 문제를 만들어서 반 친구들에게 모두 돌리는 미덕을 보여 화제가 되기도 했었다고 한다. 또 자신이 공부하다가 새롭게 알게 된 지식을 복사해서 반 친구들에게 돌리거나, 경시대회를 준비할 때 필요한 정보들을 서

비슷비슷하게 공부를 잘하고, 또 자기 성취 욕구와 승부욕이 강한 학생들이 모인 대원외고 정도라면 '경쟁심'이 더욱 치열해 분위기가 살벌할 것이라고 예측하는 사람들이 많다. 그러나 의외로 그렇지 않다.

훈훈한 동료애는 타 학교에서는 보기 힘든 또 하나의 대원외고의 자랑으로 자리매김하고 있다. 그러나 엄마들끼리의 모임에서는 얘기가 또 달라진다. 엄마들끼리는 당사자인 학생들보다 더 치열한 내신 경쟁 분위기이다.

로 공유하려고 노력하는 친구들이 많다고 한다.

학부모 O씨의 이야기가 의미심장하다.

"여유죠. 품성이 갖춰져 있다는 증거이기도 하고요. 서로 헐뜯거나 시기, 질투하는 등의 나쁜 심성을 가진 아이들이 별로 없는 것 같아요. 엄마들끼리는 가정환경이 좋은 아이들이 대부분이라서 어릴 때부터 안정적인 분위기에서 성장한 탓이 아니겠는가, 라고 추측을 하지요."

여하튼 이러한 훈훈한 동료애는 타 학교에서는 보기 힘든 또 하나의 대원외고의 자랑으로 자리매김하고 있다.

그러나 엄마들끼리의 모임에서는 얘기가 또 달라진다. 학생들은 서로 도와 가면서 공부를 하는데, 엄마들끼리는 당사자인 학생들보다 더 치열한 내신 경쟁 분위기이다.

얼마 전 대원외고 엄마들 모임에 다녀왔다는 학부모 D씨는 이렇게 말한다.

"서로들 아이 성적을 공개하지 않아요. 큰소리치는 것 보면 모두 1등급인 것 같아요. 사실 실수로 시험을 망쳤거나 중학교때에 비해 내신이 형편이 없다고 생각하는 엄마들도 많은데, 자존심 때문에 숨기는 거지요. 아이들보다 엄마들 신경전이 더 치열해요. 그래서 그런 모임에 나가면 '더 열심히 시켜야겠다'는 긴장감이 강해지지만, 스트레스 또한 만만치 않아요."

학부모 I씨의 말이다.

"내신 부담감이 일반고에 비해 큰 것은 사실이지만, 이미 우수한 아이들 눈높이에 맞춰 경쟁을 하기 때문에 눈높이가 일반고보다 훨씬 높은 거지요. 그러니 만족하기가 더 어려운 것 아닐까요?"

외국어고의 파란만장(?)한 역사 훑어보기

대원외고는 외고계의 대모이다. 1984년에 설립되어 1992년에 특수목적고로 국내에서 처음 인가받았다.

지금은 대원외고가 '꿈의 학교'로 인식되지만, 설립 초기에는 '영어 잘하는 아이들이 다니는 학교' 정도로밖에 별 주목을 받지 못했었다.

그 이후 외국어의 중요성이 점차 높아지면서 전국적으로 외고 설립이 증가해 현재 31개교가 운영되고 있다.

외국어고는 20여 년이 넘는 기간 동안 참 많은 사연을 안고 운영돼 왔다.

90년 이후 지속적인 상승세를 타며 '우등생 학교'로 자리를 공고히 다졌다. 그러던 중 94년도에 교육부는 특목고 학생들의 '비교 내신제(학교 성적이 아닌 수능 성적에 따라 내신 점수를 부여)'를 99년도 대학 입시부터 폐지한다고 밝혔고, 그 여파로 95년부터 98년도까지 지원율이 하락했다.

그러던 것이 99년부터는 외국어고 등 특목고가 다시 상승세를 타기 시작했는데, 대입에서 내신 절대 평가제가 도입되었기 때문이다. 그 이후 외고생들이 서울대, 고대, 연대 등 명문대에 대거 합격하면서 다시 지원율이 상승했다.

이후로 각 학교에서는 내신 부풀리기 현상이 급증했으며, 심지어 특정 과목에서 90% 이상이 '수'를 받는 웃지 못할 사례가 발생하기도 했다. 이때부터 각 대학에서는 '학교 내신 불신임'을 선포하고, 몇몇 대학에서는 '고교 등급제'를 적용하는 바람에 논란에 휩싸이기도 했다.

이렇게 불이 붙었던 특목고 열기는 2005년 신입생 선발에서 다시 주춤해졌다. 2004년 8월에 교육인적자원부에서 '2008년 대입부터 특목고 동일계 특별 전형을 도입하고, 내신 상대 평가제를 도입한다'고 발표했기 때문이다. 즉 외국어고 출신들이 어문 계열로 진학하기보다는 의대, 법대, 상경계 등 타과 진학이 압도적으로 높아 설립 취지에 맞지 않을뿐더러, 평준화의 근본을 깨뜨리는 원인으로 작용하기 때문이라는 것이 발표의 배경이었다.

2005년 외국어고 경쟁률은 이례적으로 낮아졌다. 그러나 2004년 하반기에 서울대에서 '통합교과형 논술로 인재를 선발하겠다!'고 선언한 후 외국어고의 입지는 또다시 바뀐다. 내신도 수능도 변별력이 떨어지니 그럴 바에는 '논술'로 학생들을 선발하겠다는 것이 서울대의 입장이었고, 교육계 전반의 거센 반발에도 불구하고 논술 바람은 고려대, 연세대 등 명문 대학을 중심으로 거세게 몰아닥쳤다.

최근 서울대를 비롯한 명문대를 중심으로 발표한 2007년, 2008년 대입 개선안의 골자는 '논술과 구술의 비중을 대폭 늘리고, 내신과 수능은 축소한다'는 것이다.

우수 학생들이 밀집한 외국어고는 논술과 구술의 비중이 확대되는 것을 박수 치며 환영할 일이다. 내신에서는 불리하지만 수능과 논·구술에서는 우수 학교들이 유리하기 때문이다.

외국어고 등 특목고는 이미 '우수한 학생들의 학교'로 자리를 잡은 터이고, 그 뿌리는 매우 탄탄해서 특목고의 뿌리를 흔드는 외풍은 먹혀 들어가지 않을 정도가 되었다. 대원외고의 경우 서울대 진학률 전국 1위, 고시 합격률 1위 등을 싹쓸이하고, 국제반에서는 미국의 하버드, 예일, 프린스턴 등 아이비리그에 대거 합격시키면서 '명문고'의 기염을 토했으며, 신흥 명문인 용인외고는 이미 '수재 학교'로 명성을 날리고 있을 정도이다.

경기도에서는 '특목고 타운을 설립하겠다!' 면서 외국어고, 국제고 등 특목고를 늘릴 계획을 수립한다고 발표했고, 서울시 역시 국제고 등 특목고를 신설하겠다는 정책을 속속 밝히기에 이르렀다.

　특목고 전문 학원에서는 물을 만난 듯 '특목고 전성기'를 외쳤고, '우수 학생들은 특목고로 가라!' 고 손짓했다.

　지난 20여 년 동안 외국어고의 인기는 가라앉았다 치솟았다를 반복해 왔다. 요 몇 년 전후의 입시 흐름을 봐서는 당분간은 얻는 것이 잃는 것보다 더 많은 만큼 외국어고를 비롯한 특목고의 전성시대는 지속되리라고 본다.

우등생들이 외국어고등학교를
선택하는 이유

내신 비중이 높아지는 만큼 일반 인문계 고등학교가 대학 진학에 더 유리하다고?
천만의 말씀! '논술과 면접'의 비중을 높이겠다는 서울대의
'통합교과형 논술'이 발표되면서
방향은 다시 외국어고등학교로 급전환되었다.

PART 2

우등생들이 외국어고등학교를 선택하는 이유

80년대 중반, 외국어고등학교로서는 처음으로 대원외고가 문을 열었을 때, 그 존재감은 미미했었다. '영어 잘하는 아이들이 가는 특수한 학교'라는 정도의 인식이 지배적이었다. 원칙적으로 말하면, 특수목적고등학교로서의 순수한 인식이 지배하던 때였다.

그러나 20여 년이 지난 지금, 전국의 외국어고등학교는 31개교로 늘었고, 경쟁률은 날로 치열해져 가고 있다. '내신 불리'라는 장애물이 있음에도 불구하고 중학 우등생들은 이미 특목고로 몰리고 있는 실정이다.

평준화를 깨는 첨병의 역할을 했다고도 평가받는 외국어고등학교 진학을 위해 일반 고등학교를 버리는 우등생들의 속내는 무엇일까?

'평준화'는 이미 깨졌다, 신 명문고 시대로!

특수목적고뿐만 아니라 자율형 학교, 학원가를 중심으로 발생한 자생적 명문 학교는 '신 명문 고교'로 불리며 비평준화 시대를 가속화시키고 있다.

이미 교육에서 평준화의 틀은 깨졌다. 고등학교 평준화가 1974년에 도입되었으니 만 32년 만에 와해된 셈이다. 현재 평준화의 틀에서 벗어난 특수목적고는 외국어고가 31개, 과학고가 18개이며, 여기에 소수 영재만을 선발하는 부산과학영재고등학교가 추가된다. 또 평준화에서 벗어난 민족사관고 등 자립형 사립고 역시 전국적으로 6개가 운영 중이다. 특수목적고와 자립형 사립고의 학생 수를 합하면 2만8천 명 이상이며, 전체 일반계 고교생의 2.2%에 해당된다.

이것으로 그치지 않는다. 여기에 비평준화 지역의 '자율형 학교' 역시 평준화의 틀에서 벗어난 '신 명문 고교'에 해당된다.

농어촌 지역의 학교를 살리자는 취지하에 도입된 자율형 학교는 지역 단위로 모집하는 것이 아니라 전국 단위로 모집 가능토록 허가를 받았기 때문에 전국의 우수한 학생들이 몰려 경쟁이 치열하다. 충남 공주의 한일고등학교, 경기도 양평의 양서고등학교, 경남 거창의 거창고등학교 등이 대표적인 명문 자율 학교인데, 전국에 총 83개교가 운영되고 있다.

게다가 교육인적자원부는 내년부터 자립형 사립고를 현재 6개에서 20개로 확대할 방침이고, 서울과 경기도 지역에만 과학고 및 외국어고를 15개 이상 더 설립될 계획이라고 밝힌 바 있다. 또한 최근 교육인적자원부에서는 공공 기관이 이전하는 지방 혁신 도시마다 학생 선발 자율권을 주는 공영형 자율 학교를 설립하겠다고 밝히고 있어 비평준화 시대를 가속화시키는 '신 명문 고교'는 더 늘어날 전망이다.

이렇게 눈에 띄는 비평준화 명문 학교 외에 감추어진 명문 학교들도 많다. 즉 교육 제도와는 상관없이 자생적으로 키워진 명문 학교들이 그것이다. 자생적 명문 학교는 학원가를 중심으로 만들어지는 것이 일반적이다. 강남 8학군의 경기고와 휘문고, 숙명여고 등이 평준화 시대에도 계속 명문고의 명맥을 유지하는 이유는 과거 명문이었다는 이유보다는 다름 아닌 '학원가'의 힘이다.

사교육 의존도가 높은 현실에서 전국 최고 수준의 학원들이 밀집해 있는 대치동 즉변 학교의 학력은 날이 갈수록 높아지고, 따라서 인근 학교에 비해 대학 진학률이 높기 때문에 특정 학교에 진학하기 위해 이주를 하는 학생들이 매년 줄을 잇는다. 이는 집값 상승으로까지 이어진다.

강남구 대치동뿐만 아니라 이러한 자생적 명문 학교의 현상은 노원구 중계동, 경기도 일산, 경기도 분당, 대구 수성구 등 소위 '각 지역의 대치동'이라고 불리는 곳에서, 즉 학원가를 중심으로 만들어지기 때문에 전국 각 지역에서 어렵지 않게 찾아볼 수 있다.

중학교도 예외가 아니다. 겉으로 보기에만 평준화의 형태를 띠며 입학 시험이 따로 없을 뿐이지, 이미 '명문 중학교'는 곳곳에 자리를 잡고 있다.

2006년 첫 신입생을 모집해 20:1이라는 치열한 경쟁률을 기록한 청심국제중학교는 서울과 경기권의 본격 특수목적중학교라는 점에서 주목을 받았다. 부산국제중학교도 시험으로 선발하는 학교 중 하나인데, 이러한 입학 단계부터 '비평(非平)중학교'인 특목 중학교 외에 자생적 명문 중학교는 전국 각 지역에서 이미 그 명성을 날리고 있다.

명문 중학교의 기준은 특목고 및 자립형 사립고 등의 진

사교육 의존도가 높은 현실에서 전국 최고 수준의 학원들이 밀집해 있는 대치동 주변 학교의 학력은 날이 갈수록 높아지고, 따라서 인근 학교에 비해 대학 진학률이 높기 때문에 특정 학교에 진학하기 위해 이주를 하는 학생들이 매년 줄을 잇는다. 이는 집값 상승으로까지 이어진다.

신 명문 학교의 시대를
맞이해 대원외고는 또
다른 입지를 구축하고
있다. 대원외고를 제2
의 경기고로 불리게 할
만큼 위상을 높이는 데
는 강남과 거리가 가깝
다는 이유와 강남에는
특목고가 없다는 요인
이 가장 크게 작용했다
고 봐도 과언이 아니다.

학률이 대표적이다. 역시 자생적 명문 고등학교와 마찬가지
로 '명문 학원가' 와 공존 공생 관계를 유지한다. 서울과 수
도권의 대표적인 명문 중학교는 올해 특목고 진학률 전국 1
위를 기록한 서울시 목동의 월촌중학교, 경기도 평촌의 귀
인중학교, 강남구 대치동의 대청중학교 등이다.

신 명문 학교의 시대를 맞이해 대원외고는 또 다른 입지
를 구축하고 있다. 서울시 광진구에 위치한 대원외고는 지
역적 특성상 강북에서도 변두리이지만, 한강 다리 하나만
건너면 강남과 직통이어서 예로부터 강남의 우수생들을 다
수 흡수해 왔다. 대원외고를 제2의 경기고로 불리게 할 만
큼 위상을 높이는 데는 강남과 거리가 가깝다는, 강남에는
특목고가 없다는 요인이 가장 크게 작용했다고 봐도 과언이
아니다.

강남은 90년대 중반 이후로 강북의 전통적인 명문 학교
가 대거 이전을 하고 명문 학원들이 밀집하면서, 현재 전국
최상의 '사교육 1번지' 로 자리를 잡았다. 사교육 의존도가
높아지면서 경제력과 학력이 전국 최고인 강남 학생들의 학
력은 타의 추종을 불허할 정도로 월등히 앞서 나가고 있다.
전국 1위의 학력이라는 여건 속에서 공부한, 전국 최고 실
력의 학생들이 선택한 학교인 만큼 대원외고는 강남을 배경
으로 무럭무럭 자랄 수 있었다.

내신 반영률의 축소, 우리한 수능 점수, 논술과 면접의 비중 및 특기자 전형의 확대, 동일계 진학 시 내신에서 보다 유리하다는 점 등 2008년 새 대입 제도는 특목고 학생들에게 비교적 유리한 쪽으로 바뀔 전망이다.

　내신 비중이 높아지는 만큼 일반 인문계 고등학교가 대학 진학에 더 유리하다고? 천만의 말씀이다. 2004년 하반기에 '2008년 새 대입 제도는 내신 위주로 학생을 선발한다'고 교육인적자원부가 기본 방침을 밝혔을 때, 잠깐 특목고의 열기가 주춤했었다. 그러나 곧이어 '논술과 면접'의 비중을 높이겠다는 서울대의 '통합교과형 논술' 위주의 신입생 선발이라는 기본 방침이 발표되면서 급격히 방향 조정이 시작되었다.

첫 번째, 보기와는 다르
게 점차 내신 반영률이
미미하다는 점이다.

2008년 이후 바뀌는 새 대입 제도의 큰 맥락만 잡아 본다면 크게 다섯 가지로 요약된다.

첫 번째, 보기와는 다르게 점차 내신 반영률이 미미하다는 점이다.

교육인적자원부는 2004년 하반기에 전국을 내신 열풍으로 휘몰아 가 특목고 경쟁률을 끌어내리기까지 했었는데, 또다시 2006년에 '내신을 50%까지 반영하겠다' 고 단독 발표해 학부모와 학생들을 당황케 했었다. 그러나 실제 대학 측은 '구체적으로 협의한 바가 없다' 고 고개를 흔드는 판국이라, 2004년만큼 여파가 큰 것 같지는 않다. 더 직접적으로 말하면 '한 번 속지 두 번 속지는 않는다' 라고 판단하는 듯하다.

이어서 명문 대학들은 속속 2008년 통합교과형 논술 예시 문항을 발표하기 시작하면서, 점차 논술로 입시 방향을 몰아가고 있는 실정이다.

최근 발표한 2007년 각 대학의 내신 반영률을 살펴보면 서울대가 정시 기준 2.28%로 가장 낮았다. 또한 외형적으로는 40% 내신 반영을 한다고 해도 실질적으로 기본 점수를 주고 계산하면(예를 들어 서울대의 경우 총점 250점에 내신이 100점으로 반영률이 40%인데, 기본 점수가 94.3이므로 실질 반영률은 2.28%가 된다) 과거 학교생활기록부 반영 비율이 40%일 때도 실질적인 반영 비율은 8.5% 정도였다. 내신을 정확히 산출한다고 해도 여러 가지 거름 장치를 만들어(1단계 내신 + 수능 점수로 먼저 뽑고, 2단계 논술과 면접으로 최종 선발하는 단계별 전형이 아닌 1, 2단계를 통합해서 최종 선발하는 등) 내신의 비중을 최소화시키고 논술과 면접의 비중을 높이는 방식을 도입하지 않겠느냐는 것이 관계자들의 전망이다. 또한 학교생활기록부는 교과 성적만 반영하는 것이 아니라 행동 발달, 특별 활동 성적, 봉사 활동, 수상 경력 등 비교과 과정이 포함되어 40%, 혹은 50%의 반영률이 정해지기 때문에 명문 학교에서는 불리한 교과 성적의 비중은 그만큼 줄어든다.

비교과 과정 중 대학 측에서 적극 반영하는 부분은 변별력이 있는 영역이다. 각종 경시대회 수상 경력 등이 그중 하나인데, 다른 장에서 언급했듯이 대원외고생의 경우 2학년이 되면 거의 모든 학생이 경제 경시, 법 경시 등 유력한 경시대회에 참여하거나, 기타 전국 규모의 논술 대회 및 각종 학력 경시대회 등에 참여해 수상 실적을 쌓아 놓기 때문에 수상 경력란이 일반 학교에 비해 보다 화려하게 채워지는 경우가 많다.

내신을 축소화시키려는 이유는 고교 간의 학력 차와 비평준화 시대의 명문고생 살리기가 가장 클 것이다.

두 번째, 수능 비중은 축소되지만, 수능 점수는 명문 학교가 유리하다는 점이다.

두 번째, 수능 비중은 축소되지만, 수능 점수는 명문 학교가 유리하다는 점이다.

고교 간, 지역 간의 학력 차이는 이미 여러 관련 기관에서의 조사 자료를 통해 명백히 드러난 바 있다. 수능 점수는 사교육비 지출이 높은 강남 지역이 314점, 강북 등 기타 서울 지역은 평균 300점, 읍면 지역이 270점 등으로 나타나 학력의 차이를 여실히 증명했다.

또 경제협력개발기구(OECD)가 3년마다 실시하는 학업 성취도 국제 비교 연구에서 우리나라 고교 간의 학력 차이가 매우 심하다는 사실이 확인되어 화제가 되기도 했었다. 전국 138개교가 참여한 이번 조사에서 서울의 한 외국어고는 응시 학생의 72%가 전국 상위 4%(1등급)에 들어가고 23%의 학생들이 2등급에 해당하는 전국 상위 11% 안에 들었는데, 반면 전국 상위 11%, 즉 2등급 안에 드는 학생이 단 한 명도 없는 학교가 응시 학교 가운데 45개교나 됐다고 한다.

이렇듯 수능 점수는 우수 학생이 밀집한 명문 학교가 일반 학교에 비해 우수하다. 공부 환경이 좋고, 서로 경쟁 상대로 두는 눈높이가 일반 학교와는 다르게 높기 때문에 전체 평균 성적도 훌쩍 뛰어오른다.

또한 내신 차이에 따른 점수 차에 비해 수능 점수 차이에 따른 점수 차가 더 크다는 점도 주목해야 한다. 즉 내신에서 반영 비율로 따져 5점이 차이가 난다고 하면, 수능에서는 등급별로 1등급 100점, 2등급 95점, 3등급 90점 등으로 점수 계산을 하기 때문에 한 등급만 높게 받아도 내신 점수 차이는 쉽게 극복이 가능하다. 두 개 등급을 앞서 간다면, 내신 점수 차이의 2배가 차이 나는 셈이다.

세 번째, 논술과 면접의 비중이 절대적으로 커 진다는 것이다.

2008년부터 최저 학력 기준이 적용되면, 명문대 기준으로 수리영역과 언어영역이 2등급 이상, 의과 대학은 수리, 언어, 외국어영역 1등급 이상 등으로 제한시킬 것이다. 수능이 9등급제가 되고 지원 자격 정도로만 활용되며 보다 쉬워진다고 하면, 예전처럼 1, 2점의 차이로 당락이 좌우되는 정도의 비중보다 훨씬 축소가 될 것이다. 그러나 학교에 따라서 특정 등급 이상 지원 자격 정도로 활용하거나 등급별 점수로 계산해 적용한다면, 수능은 역시 무조건 잘 보는 것이 유리한 것이 사실이다.

명문 고등학교가 내신은 불리하지만 수능에서는 단연 유리하다. 그래서 내신에서 좋은 점수를 따기 위해 일반 학교에 진학했다가 수능에서 상위 등급이 나오질 않아 지원 자격조차도 딸 수 없는 학생들이 발생하는 것이다.

세 번째, 논술과 면접의 비중이 절대적으로 커진다는 것이다.

수능이 등급제가 되고(수능 점수는 공개되지 않고 1~9등급까지 등급만 과목별로 표기), 대학에서는 등급제로 인한 변별력 약화를 이유로 자격 고사 정도로 축소시키고 있다. 또한 앞으로 수능시험 문제를 쉽게 출제한다는 방침이어서 수능

논술은 수능보다 한 단
계 더 업그레이드된 형
태의 시험 제도라고 볼
수 있다. 문제에 필요
한 독해력, 배경 지식,
자신의 생각 등이 고루
갖춰져 있지 않으면 손
을 댈 수가 없기 때문에
'잘하는 아이'와 '못하
는 아이'의 변별이 확
실하게 될 수 있다.

은 일단 비중이 줄어든다고 볼 수 있다.

　수능과 내신의 비중이 줄어드는 대신 현재 명문대에서 중
하위권 대학으로까지 점차 논술과 면접의 비중이 높아지고
있는 추세이다. 이런 추세로 간다면 입시 제도가 바뀌는
2008년에는 명문 대학을 중심으로 다수의 대학에서 논술과
구술 면접을 축으로 신입생을 선발할 전망이다.

　2008년 신입생 모집 전형 기본 계획안을 보면, 서울대는
수시의 특기자 전형과 정시에서 인문계와 자연계 각각 논·
구술이 50%를 차지한다. 연세대는 수시 일반 우수자 전형
에서 논·구술이 60%까지 차지하며, 고려대는 수시 일반
전형과 글로벌 인재 전형에서 논·구술이 70%를 반영하는
등, 각 서울대를 중심으로 상위권 대학에서는 논술과 구술
의 반영 비율을 최대로 높여 우수 학생 선발의 변별 기준으
로 활용할 전망이다.

　각 선발 제도끼리의 우수 학생 변별 정도를 비교하면 '논
술—수능—내신'의 순이 될 것이다. 일선 고교에서는 흔히
'내신에서 우수한 학생보다 수능에서 우수한 학생의 실력
을 더 높이 평가한다'고 말한다. 내신은 시험 범위만 파고
들면 높은 점수를 받을 수 있지만, 수능은 내신에 비해 더
깊고 폭넓게 공부해야 하기 때문에 일단 기본기가 탄탄한
학생의 점수가 더 높다. 논술은 수능보다 한 단계 더 업그레
이드된 형태의 시험 제도라고 볼 수 있다. 범위가 있는 것도

아니어서 평소에 다양한 배경 지식을 쌓고, 그 안에서 자신의 창의적인 생각을 정리하면서 논리적이고 체계적으로 글, 혹은 말로 풀어 나갈 수 있는 능력을 필요로 하는 단수가 높은 시험 제도가 바로 논술과 구술인 것이다. 즉 논·구술은 '감으로 때려잡는다!' 가 먹혀 들어가는 영역이 아니어서 문제에 필요한 독해력, 배경 지식, 자신의 생각 등이 고루 갖춰져 있지 않으면 손을 댈 수가 없기 때문에 '잘하는 아이' 와 '못하는 아이' 의 변별이 확실하게 될 수 있다. 이런 이유로 각 명문 대학에서는 우수 학생을 뽑기 위해 논·구술 제도를 전면에 내세운다.

네 번째, 특기자 전형의 확대이다.
특기자 전형은 '외국어고생과 과학고생을 위한 제도' 라는 오해를 받을 정도로 특목고생들에게 유리한 제도이다.

네 번째, 특기자 전형의 확대이다.

서울대는 2008년부터 지역 균형 선발 33%, 정시 33%, 특기자 전형 33%로 신입생을 선발한다는 방침을 밝혔다. 여기서 특기자 전형은 외국어, 수학, 과학 우수자 등이 주를 이룬다. 고려대, 연세대, 이화여대 등 명문 대학에서는 앞다투어 국제학부와 글로벌 인재, 글로벌 전형, 외국어 우수자 등 특기자 전형을 개설 및 증원하고 있다.

특기자 전형에 해당되는 영역을 보면 알겠지만, 대부분 과학고와 외국어고 등 특목고 학생들에게 절대적으로 유리한 전형임을 알 수 있다.

특기자 전형은 '외국어고생과 과학고생을 위한 제도' 라는 오해를 받을 정도로 특목고생들에게 유리한 제도이다.

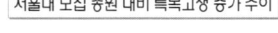

최근 5개년 서울대 정시 · 수시 합격생 출신 고교 분석

구 분	정 시				수 시				정시 + 수시				모집 총원
	특목고		일반고		특목고		일반고		특목고		일반고		
2002	154	5.2%	2,578	87%	131	11.2%	985	84.2%	285	7.3%	3,563	91.2%	3,905
2003	196	6.5%	2,629	87%	119	10.4%	970	84.7%	315	7.8%	3,599	89.1%	4,040
2004	276	9.3%	2,479	83%	109	9.3%	1,013	86.3%	385	9.7%	3,492	87.7%	3,982
2005	244	10.0%	2,008	82.2%	86	9.1%	798	84.8%	330	9.8%	2,806	82.9%	3,384
2006	208	9.5%	1,744	79.8%	182	14.9%	977	80%	390	11.5%	2,721	79.9%	3,406

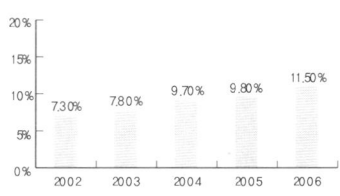

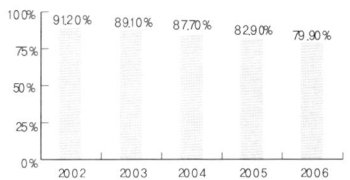

자료 제공: 토피아 학원

특히 특기자 전형으로 진학을 하면 동일계 진학의 원칙이 불필요해져 과 선택에서 자유로워진다. 즉 꼭 어문 계열이 아니더라도 법대나 상경대 등 원하는 학과에 지원할 수가 있다.

다섯 번째, 동일계로 진학할 경우 내신에서 훨씬 유리하다는 점이다.

2008년 새 대입 제도에서는 특목고 학생이 동일계로 진학할 경우, 내신 6등급까지 만점 처리를 해 주는 등의 특혜를 준다는 방침을 세웠었다. 만약 이대로 시행이 된다면 외국어고에서 어문 계열로 진학할 경우, 내신 등급이 낮아도 일반 학교의 상위 등급과 동일하게 만점 처리를 받는다. 따라서 동일 계열로 진학할 때는 '특혜'를 받으며 서울대 등 명문대로 진학할 수 있는 것이다.

그러나 같은 명문고라 하더라도 자립형 사립고나 자율형 학교, 비평준화 지역의 자생적 명믄 학교 등 신 명문 고교들은 외국어고나 과학고에 비해 내신의 상대적 불이익을 어느 정도 감수해야 한다.

결론적으로, 2008년 새 대입 저도는 특목고 학생들에게 비교적 유리한 쪽으로 바뀔 전망이고, 이런 이유로 2005년 이후 특목고의 열기가 되살아나고 있는 것이다.

다섯 번째, 동일계로 진학할 경우 내신에서 훨씬 유리하다는 점이다. 2008년 새 대입 제도에서는 특목고 학생이 동일계로 진학할 경우, 내신 6등급까지 만점 처리를 해 주는 등의 특혜를 준다는 방침을 세웠었다.

전문가들은 외국어고등학교의 명문대 진학률이 매년 증가하고 있는 추세인데, 논·구술의 비중이 높아지고 특기자 전형이 확대되면 이 증가율은 더욱 가속화될 것이라고 예측한다.

비평준화 시대에 경기고등학교가 서울대 진학률 전국 1위를 차지하던 시절에는 국민적 반감이 거의 없었다. '워낙 우수한 학생들만이 가는 학교이니까' 라고 수긍을 하고, 전 사회적으로 그들을 인정해 주는 분위기였다.

그러나 평준화 시대에 그것도 추첨으로 학생들을 선발하는 것이 원칙인 현 시점에서 맡아 놓고 서울대 진학률 1위를 기록하는 학교가 있다는 사실은 받아들이는 이를 곤혹스럽게 만든다. 특수목적고인 대원외고는 작년에 이어 올해에도 전국에서 서울대 최다 합격생(77명)을 배출했고, 그 뒤를 이은 학교들도 대부분 외국어고, 자립형 사립고, 과학고 등 특수목적고등학교, 공주 한일고 등 자율형 학교이다.

현재 운영 중인 특목고 및 자립형 사립고, 자율형 학교 등의 학생 수는 이미 2만 명을 넘어 서울대 신입생 정원 3천여 명을 비롯, SKY 대학의 정원 1만여 명을 배로 웃돈다. 앞으로 이러한 예비 신 명문 학교의 설립이 전국적으로 줄을 잇는다고 하니, 명문대 외의 중상위권 대학까지도 이들 학교가 '싹쓸이' 할 수도 있다. 실제로 대원외고를 비롯한 외국어고등학교의 명문대 진학률은 매년 증가하고 있는 추세이며, 논·구술의 비중이 높아지고 특기자 전형이 확대되면 이 증가율은 더욱 가속화될 것이라고 전문가들은 예측한다.

이렇게 되면 교육인적자원부에서 '3불 정책'의 하나로 내세우는 '고교 등급제 불허'는 아무런 의미가 없게 된다. 명문 학교로 인정을 받고, 교육인적자원부 차원에서도 그러한 학교를 설립하려는 의지가 강한데, 우수한 학생들이 몰리는 명문학교생들과 일반학교생들을 동일한 내신 등급을 적용해 선발한다는 것은 이미 앞뒤가 맞지 않기 때문이다.

이렇게 말하면 정책 관계자는 이런 항변을 할 수도 있다. "특수목적고등학교나 외국어고등학교는 특정 분야에서 뛰어난 인재만이 가는 학교이기 때문에 일반 고등학교와 같이 취급할 수는 없다."

최근 서울시 소재 외국어고의 SKY 대학 정시 · 수시 합격생 분석

구 분	서울대		연세대		고려대	
	2005	2006	2005	2006	2005	2006
대원외고	60	77	101	148	123	165
한영외고	34	31	95	94	101	105
대일외고	27	18	110	103	102	100
서울외고	10	15	44	71	55	81
명덕외고	26	48	79	121	57	108
이화외고	8	10	42	40	33	34
계	165	199	471	577	471	593

명문대 진학 서울 시내 외고생 변동 추이

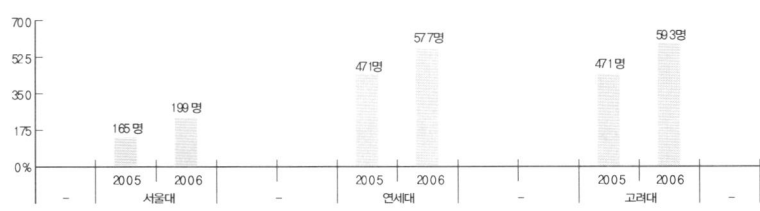

자료 제공: 토피아 학원

그러나 과연 현실 또한 그러한가? 외국어고등학교 출신 중에 어문 계열로 진학하는 학생 수보다 비어문 계열로 진학하는 학생 수가 훨씬 높다는 것이 현실과 다름을 증명한다.

2005년 대입 기준 자료를 보면, 서울의 6개 외국어고 졸업생 중에서 동일 계열인 어문 계열로 진학한 학생 비율은 18.4%인 반면, 비어문 계열로 진학한 비율은 59.1%에 달

했다. 이는 매년 증가하고 있는 추세이다.

　2008년 새 대입 제도가 적용되는 현재 고등학교 2학년들부터는 원칙상 외고에서 이과 과목을 수강할 수가 없어 대원외고와 외대부속외고 등 다수의 외고는 이과 과목을 개설하지 않고 있다. 의대를 꼭 가고 싶다면 외고의 유학반으로 진학하면 가능하다. 외국 대학 진학은 상관없기 때문이다. 또한 외국어고에 진학한 후 학교에서 자연계 과목을 이수하지 않았더라도 수학 2, 미분과 적분, 과학 등을 개별적으로 공부해 필요 과목을 이수한 뒤 수학능력시험을 치르면 국내 대학 자연 계열로도 진학이 가능하다. 그러나 현실적으로 학교 공부를 하면서 별도로 자연계 과목까지 공부한다는 것은 힘들기 때문에 이런 시도를 하는 학생은 거의 없다. 따라서 학교 측에서도 신입생 선발을 할 때 의대 등 자연 계열 희망 학생은 이러한 어려운 점을 미리 말해 주어 진로 설정에 차질이 없도록 조언을 한다.

　외국어고가 '외국어를 특별히 잘하는 학생들이 진학하는 학교'라고 생각하는 학생 및 학부모는 더 이상 없다. 이과 방면에서의 우등생은 '과학고'로, 문과 방면에서의 우등생은 '외국어고'라고 생각하는 사람들이 대부분이다. 이과, 문과 상관없이 일단 명문 대학이나 혹은 의대를 지망하고 싶다면 자립형 사립고나 명문 자율형 학교를 선택하는 것이 이 시대 우등생들의 최선의 선택이라고 감히 말할 수 있다.

외국어고가 '외국어를 특별히 잘하는 학생들이 진학하는 학교'라고 생각하는 학생 및 학부모는 더 이상 없다. 이과, 문과 상관없이 일단 명문 대학이나 혹은 의대를 지망하고 싶다면 자립형 사립고나 명문 자율형 학교를 선택하는 것이 이 시대 우등생들의 최선의 선택이라고 감히 말할 수 있다.

인재를 키워 내는 데에는 '평준화' 정책이 한계를 드러낼 수밖에 없다. 평준화 시대에도 몇몇 특수 학교로 우등생들이 몰리는 이유는 이러한 피해 의식을 최소한으로 줄이겠다는 자연스런 욕구 때문이다.

교육인적자원부에서는 어떻게 해서든지 평준화의 명목을 유지하려고 안간힘을 쓴다. 평준화의 틀이 깨지면서 발생하는 교육의 양극화와 빈익빈 부익부 현상, 지방과 도심의 교육 격차 등의 후유증을 고려한 처사라고 보여진다. 그러나 '평준화'로 인해 발생하는 후유증 또한 무조건 덮어두고 갈 수만은 없을 것이다.

현재의 공교육이 우수한 인재를 길러 내는 데에는 한계가 있다는 점에서는 의견을 같이한다. 대부분 학교 수업이 너무 어렵지도, 또 너무 쉽지도 않은 중간 수준 정도로 진행되기 때문에 우등생들과 하위권 학생들은 소외감을 느낀다. 이미 학교 수업 수준을 넘어선 우등생들은 질문을 하고 싶어도 '시간 관계상' 손을 들지 못하고 이내 포기하고 마는 것이 교육의 현실이다. 어려운 질문을 받아 수업 시간을 까먹고 뒤떨어진 아이들의 투정을 듣느니, 차라리 소수 우등생들의 궁금증은 덮어 두고 가는 것이 속 편할지 모른다.

그러나 우등생과 열등생이 뒤섞여 공부를 하다 보니 그야말로 하향식 '평준화' 가 될 수밖에 없다. 인재를 키워 내는 터에는 '평준화' 정책이 한계를 드러낼 수밖에 없는 것이다. 평준화 시대에서 특목고와 자립형 사립고 등 몇몇 학교로 우등생들이 몰리는 이유는 이러한 피해 의식을 최소한으로 줄이겠다는 자연스런 욕구 때문이다.

T군은 특목고를 접고 일반 고등학교로 하향 지원을 했으나, 얼마 지나지 않아 서울대에서 '통합교과형 논술' 이라는 카드를 내세우면서 다시 급반전하기 시작, 특목고의 열풍은 되살아났고 더욱 거세졌다. 현재 T군은 소신껏 특목고를 지원한 다른 우등생 친구들을 하염없이 부러운 눈으로 바라보고 있다고 말한다. T군의 이야기를 좀 더 들어 보자.

"학교 수업 분위기나 내용에서 수준 차이가 많이 나요. 수업 시간에 절반은 딴 짓 하고, 수업에 집중하는 친구들은 손가락으로 꼽을 정도예요. 연일 담배 피우다 걸리는 아이

우등생과 열등생이 뒤섞어 공부를 하다 보니 그야말로 하향식 '평준화' 가 될 수밖에 없다. 인재를 키워 내는 터에는 '평준화' 정책이 한계를 드러낼 수밖에 없는 것이다. 몇몇 학교로 우등생들이 몰리는 이유는 이러한 피해 의식을 최소한으로 줄이겠다는 자연스런 욕구 때문이다.

들, 동아리 활동에서 문제를 일으켜 정학을 받는 아이들, 야간 자율 학습 시간에 무단 이탈해서 벌을 받는 친구들이 줄을 잇고, 늘 시끌시끌해요. 중학교 때와 다를 바가 없어요. 내가 가려고 했던 외고의 학생들은 2학년만 되면 한 반에서 절반 이상이 법경시대회, 경제경시대회 등을 준비한다고 해요. 대학에서 가산점을 부여해 주는 경시대회인데, 우리 학교에서는 전교에서 서너 명 정도만이 준비하는 것으로 알고 있어요. 누가 시키지 않아도 야간 자율 학습 시간에 조용히 자리를 지키고 공부하고, 서로 경쟁 의식을 느껴 더 잘하려고 노력하고, 정보도 주고받는 등 너무 부러워요. 엄마를 막 원망했어요."

대원외고 엄마들의 '대원외고 합격 전략'

수시로 바뀌는 입시 제도.
이런 위급 상황에 재빠르게 대처하며 맞춤 전략을 짜기 위해서는
전문가만큼 정확한 입시 정보를 알아 두는 것이 엄마가 해야 할 중요한 몫이다.

PART 3

대원외고 엄마들의 '대원외고 합격 전략'

사실상 대원외고에 합격할 정도의 실력이면 전국에 있는 모든 외고에 합격할 가능성 또한 높다. 대원외고는 외국어고 중에서도 가장 실력이 뛰어나다고 자타가 공인하기 때문이다. 외국어고 진학을 준비하고 있다면, 대원외고 합격생들의 준비 과정에 적지 않은 도움이 될 것이다.

특별 전형 중 학교장 추천의 성적 우수자로 지원해 합격했다. 의대 지망이 목표이기 때문에
국제반을 선택, 유학을 계획하고 있다. 독일에서 태어나 초등학교 3학년까지 살다가 귀국해
서 한국 학교에 적응하느라 힘든 과정을 많이 거쳤다. 학원을 뒤로하고 가정 학습 위주로
공부했다는 점, 토플 시험을 본 경험이 없다는 점 등의 특이한 이력이 눈에 띈다.

수학, 과학에 뛰어난 재능, 그러나 과학고를 마다한 이
유는……

예송이는 수학 과학 수재들만이 공부할 수 있는 서울대영
재교육센터에서 중3 때부터 교육을 받고 있다. 이과 성향이
강한 아이라 과학고를 보낼 마음도 있었지만, 내가 직접 과
학고를 다녀온 후로 방향을 바꾸기에 이르렀다. 과학고 학
생들은 오로지 '공부'에 전념하는 것 외에는 특별히 하는
일이 없다는 생각이 들었다. 학교는 폭넓게 생각하고 자유

롭게 공부할 수 있는 분위기여야 한다는 생각에 과학고 대신 보다 자유로워 보이는 대원외고를 택하기에 이르렀다. 거기다 2008년부터 바뀌는 입시 제도 때문에 의대 진학이 목표인 예송이는 국제반을 선택했으며, 유학을 가서 의과대학에 진학하겠다는 계획을 세웠다.

서울대 수학 과학 프로그램은 고등학교 때도 지속되는데, 여러 가지로 바쁘지만 학원에 가는 대신 3월부터 5월까지 토요 수업에 참여했다.

독일에서 태어나 초등학교 4학년 때 귀국

엄마, 아빠가 독일에서 공부를 하느라 예송이는 독일에서 태어나 그곳에서 초등학교 3학년까지 살았다. 예송이를 위해 집에서 한국말만 사용했지만 역부족이어서 귀국할 당시 예송이는 초등학교 1학년에도 못 미칠 만큼 어휘력이 형편없었다. 귀국한 후 얼마 되지 않아 예송이는 TV에서 사극을 보다가 "왜 임금님을 '엄마' 라고 불러요?"라고 질문을 했다. '마마' 라고 부르니 예송이는 '엄마' 라고 받아들였던 것이다. 그 정도로 한국어뿐만 아니라 문화와 역사에 대한 이해도 걸음마 수준이었다.

귀국 후 학교에 갔는데, 말도 제대로 못하고 시험만 보면 빵점 맞기가 일쑤인지라 예송이는 '독일 깡패' 라는 별명을 얻었으며, 왕따를 당하기도 했다. 독일어권에서 살았기 때문에 영어 실력도 거의 바닥이었다.

그러나 나는 예송이에 대한 기본적인 믿음만은 잃은 적이 없었다. 자유로운 독일 학교에 익숙해졌기 때문에 한시적으로 나타나는 현상일 뿐, 한국어에 익숙해지고 학교 공부의 감을 잡으면 곧 제자리를 찾을 것이라고 믿었다.

일단 말이 제대로 통하지 않으니 학원에도 보낼 수 없었다. 그래서 내내 예송이를 끼고 앉아 집에서 가정 학습을 시켰다.

독서는 물론 생각하고 말하고 쓰는 연습을 집중적으로

어휘력을 키우기 위해 꾸준히 책을 읽어 주고 또 읽게 했다. 가장 중점을 두었던 부분은 '생각하는 힘을 키우기'와 '자기 주도적 학습'이었다. 초등학교 때는 이 부분만 확실하게 해 두면, 고학년이 되어 학교 공부 따라가기는 별 문제가 없으리라 판단했기 때문이었다.

예송이와 나는 쉼 없이 대화를 했다. 책을 읽으면서 궁금했던 부분, 학교 공부를 하면서 제대로 이해하지 못했던 부분을 예송이는 끊임없이 물어보았고, 나는 성의껏 대화 상대가 되어 주면서 스스로 개념 정리를 하도록 유도했다. 예를 들어 교과서에 '게놈 프로젝트'가 나오면 예송이로 하여금 자료를 최대한 많이 찾아오게 하고, 그 후 질문을 하면 그 주제에 대해 함께 많은 이야기를 했다.

예송이를 위해 내가 직접 또래 몇몇을 모아 독서 지도를 하기도 했다. 책도 읽히고 토론 능력도 키우자는 것이 목적이었다. 그 외 학교에서 배우는 전 과목을 직접 가르쳤다. 문제지를 사다 풀고, 인터넷에서 자료를 찾아 지도를 했다.

예송이는 아주 성실한 편이어서 엄마의 지도를 잘 따라주었다. 1년 만에 말도 거의 통하게 되었고, 학교 공부도 별 무리 없이 따라갔다. 그리고 6학년 중반부터는 반에서 1~2등을 할 정도의 실력을 갖추게 되었다.

6학년 졸업 무렵에 인근의 수학 학원에 등록하기 위해 찾아갔는데, 선행 학습이 너무 안 되어 있다고 입학 불허 판정을 받기도 했다. 영어 역시 그 무렵 동네 학원 초급반에 등록을 했다. 대치동의 유명 학원에 찾아갔었는데, 저학년들과 같이 공부할 정도의 실력이라 등록할 수가 없어서 유명 학원을 포기하고 동네 학원을 선택해 3개월을 다녔다. 그리고 중학교 1학년 겨울방학 때 캐나다인으로부터 주 2회 개인 레슨을 받기 시작해 6개월 동안 꾸준히 회화 위주의 영어 공부를 했다. 중학교 2학년 여름방학 때는 4주 코스의 아주대학교 영어 캠프에 참가했다.

문법은 집에서 아빠가 지도했다. 학교 영어를 따라가는데는 별 문제가 없었는데, 문법을 공부하면서 많이 힘들어했다. 특히 '동명사', '현재 완료형' 등의 개념을 이해하지 못하는 것을 보고 아빠가 쉽게 개념 학습을 시키면서 기본적인 중학 수준의 문법 정리를 해 주었다. 예송이의 영어 공부 이력은 이 정도로 소박하다.

토플 준비에 시간을 할애하진 않아

토플 시험을 치러 본 경험도 없는 예송이가 대원외고에 합격했다고 하면 모두 믿지를 않는다. 특별 전형을 계획한다면 국제어과와 '영어 능력 우수자' 전형 외에는 토플 점수가 필요 없기 때문에 기타 다른 전형을 지원할 계획이라면, 굳이 토플 준비에 시간을 할애할 필요는 없다고 생각했다.

예송이를 대원외고에 보내기까지의 경험에 비춰 보면, 영어 공부에 상당 부분 거품이 형성되었다고 생각했다. 보통 외국어고를 보내려면 외국에 2년 이상 유학을 다녀와야 하고, 토플 점수가 260점대 이상은 되어야 한다는 생각을 하는데, 사실은 그렇지 않다. 문법은 중학교 3학년 정도의 수준이면 충분하고, 듣기평가를 대비해 평소 회화에 중점을 두고 학교 수준보다 한 단계 높은 심화 학습을 하는 정도면 특별 전형 및 일반 전형을 치르는 게 큰 무리가 없다고 생각한다.

토플 시험을 치러 본 경험도 없는 예송이가 대원외고에 합격했다고 하면 모두 믿지를 않는다. 특별 전형을 계획한다면 국제어과와 '영어 능력 우수자' 전형 외에는 토플 점수가 필요 없기 때문에 기타 다른 전형을 지원할 계획이라면, 굳이 토플 준비에 시간을 할애할 필요는 없다고 생각했다

정태는 중학교 3학년 때 학생회장을 역임, 학교장 추천으로 특별 전형에서 합격했다. 내신은 10% 내외였지만, 다년간 미국에 거주했고 평소 영어 공부를 충실히 해 온 터라 자신의 실력을 믿고 도전했다. 민족사관고와 용인외고도 함께 준비했기 때문에 내공이 키워져 입학 시험을 보다 수월하게 통과할 수 있었다.

초등학교 4학년부터 6학년까지 2년 동안 미국에서 생활

정태는 5세 때 놀이식 그룹 지도를 시작으로 꾸준히 영어 실력을 닦았다. 영어 동화책과 비디오테이프를 꾸준히 접하게 했으며, 유치원에 다니면서 놀이식 영어 학원에 다녔다. 초등학교 1학년 때 방문 학습지로 파닉스를 익혔으며, 영어 연극 대회에 출전해 수상을 하기도 했다. 방문 학습지를 하면서 1주일에 3회 동화 스터디를 병행했다. 1:1 방문 지도 형태로 3년 동안 지속했으며, 동시에 학원에 다니면서 문법과 회화를 병행했다. 초등학교 2학년부터 4학년까지 영어에 가장 많은 시간을 투자했는데, 당시 하루 영어 공부 시간은 평균 2시간 이상이었다.

초등학교 4학년 때 미국으로 떠나 애리조나와 캘리포니아에서 2년 동안 살았다. 정태의 영어 공부에 더없이 좋은 기회라 생각해 열심히 공부를 시켰다. 다른 집 아이들은 미국의 자유로운 분위기 때문에 '한국으로 돌아가기 싫다!' 라고 말한다고 하는데, 우리 집 아이들은 '한국에 돌아가고 싶다!' 고 투정을 부릴 정도였다.

방과후 친구들이 노는 시간에도 아이를 끼고 앉아 국어와 수학 등을 학습지로 공부시켰다. 또 인근 도서관을 이용해 영어 동화책을 많이 읽혔다. 하루에 10권 가까이 읽게 했고, 인근 문구점에서 워크북을 구입해 문제 풀이도 병행했다.

지금 생각해 보면, 이때가 '영어 몰입 학습' 기간이었던 것 같다. 유아기 때부터 영어를 배워 왔고, 미국에서의 2년 동안 본토 영어 환경에서 열심히 공부한 결과, 정태는 수준급 이상의 영어 실력을 쌓을 수 있었다.

중학교 1학년 말부터 1년 동안 총 6회 토플 시험 치러

'중학교 2학년까지 토플 시험을 끝낸다' 는 목표를 세워 중학교 1학년부터 2학년까지 1년 동안 토플 시험에 최선을

'중학교 2학년까지 토플 시험을 끝낸다'는 목표를 세워 중학교 1학년부터 2학년까지 1년 동안 토플 시험에 최선을 다했다. 총 6회 시험을 치렀는데, 처음엔 232점으로 시작해 마지막 시험에서는 목표 점수 270점이 나왔다.

다했다. 총 6회 시험을 치렀는데, 처음엔 232점으로 시작해 마지막 시험에서는 목표 점수 270점이 나왔다. 한번 시험을 볼 때마다 성적이 10점 이상 오르기 때문에 토플은 최소한 3~4회 이상은 치러 목표 점수를 받아 놓아야 한다고 생각했다. 이렇게 시험 계획을 짠 이유는 내신 관리 때문이었다. 특목고에 입학하려면 중학교 3학년 1학기까지의 내신 성적이 반영된다. 이중 3학년 내신 반영 비율이 가장 높기 때문에 학교 성적 관리를 철저히 해야 하는데, 이때 토플 시험을 치르면 시험 당일 하루가 펑크가 나는 등 손실이 크다. 자립형 사립고나 특목고 등 어떤 학교에 시험을 치르더라도 안심할 수 있는 정도의 점수가 270점이었기 때문에 목표치를 거기에 맞췄다. 6회 시험을 보는 동안 정태의 영어 실력도 많이 상승되었다.

민족사관고 토론 대회와 대원외고 시험 준비를 동시에

정태의 원래 목표는 민족사관고였다. 실패를 해서 참 안타까웠지만, 지금은 대원외고로 방향을 바꾼 것이 오히려 잘됐다고 생각한다. 실패의 쓴잔을 마셨어도, 힘겨운 준비 과정을 통해 얻은 것이 참 많다.

민족사관고의 토론 대회를 위해 정태는 4명의 토론팀을 짜서 준비했다. 주제를 정해 그 주제에 대한 자료를 수집하고 상대편과의 논쟁거리를 준비하는 것이 수업 내용이었는데, 그때 많이 읽고 생각하는 법을 배웠으며, 특히 시사 상식과 사회 분야의 지식이 해박해졌던 것 같다. 당시 유비쿼터스와 개똥녀 스캔들 등에 관해서도 토론 주제를 삼아 열심히 준비했었는데, 대원외고 시험에서도 같은 주제가 출제되어 수월하게 풀 수 있었다. 신문의 사설을 매일 한 장씩 읽게끔 스크랩을 해 주었고, 화장실에까지 간단히 읽을 책을 준비해 주면서 보조 역할을 해 주었다.

대원외고 구술 면접 시험 문제를 보면 단기간에 준비할 수 없다는 것을 알 수 있다. 국어, 영어, 수학, 사회, 시사 상식 등이 복합적으로 얽혀 출제가 되는데, 책을 많이 읽고 자기만의 생각을 정리해 보는 장기간의 훈련이 필요하다. 정태는 다행히 토론 대회를 준비해 비교적 이런 문제에 익숙해져 있었다.

중학교 1학년인 둘째도 대원외고에 보낼 계획이라서 벌써부터 내신과 책 읽기, 한자 학습을 병행시켜 주는 논술 학원에 보내고 있다. 물론 시험을 몇 달 앞두고는 학원의 파이널 코스를 듣기는 했지만, 정태의 경우 너무 많은 지식을 한꺼번에 머릿속에 담으려니까 효율성도 떨어지고 사실 별 효과도 없었다고 말했다.

중학교 전교 회장에 이어 학급 반장 맡아
정태는 사회성과 리더십이 뛰어난 편이어서 언제나 친구

대원외고 구술 면접 시험 문제를 보면 단기간에 준비할 수 없다는 것을 알 수 있다. 국어, 영어, 수학, 사회, 시사 상식 등이 복합적으로 얽혀 출제가 되는데, 책을 깊이 읽고 자기만의 생각을 정리해 보는 장기간의 훈련이 필요하다.

사이에 인기 몰이를 하고 다닌다. 그게 가장 큰 장점이라고 할 수 있는데, 중학교 3학년 때 전교 회장의 경력으로 특별 전형 학교장 추천 부문에 지원했다.

고등학교에 입학한 후 반장 선거를 하는데, 후보가 무려 15명이나 나왔다고 한다. 공부하느라 짬이 없을 텐데 왜 임원을 하려는지 궁금했는데, 그 궁금증은 곧 풀렸다. 학교에서 임원들에게 수행평가 가산점을 준다고 한 것이 결정적인 이유였던 것이다. 전교 회장 경력을 반 친구들이 인정해 준 것이 아닌가 생각했는데, 전교 회장 및 부회장 출신들이 수두룩해서 튀는 경력이 아니라는 말에 웃었던 기억도 있다.

정태의 기민한 사회성이 유감없이 발휘되었는지 연설을 아주 잘해서 15:1의 경쟁을 뚫고 반장에 뽑혔다. 점심시간은 몽땅 학급 일에 투자해야 한다고 툴툴거리면서도 꽤 즐거워하는 듯하다.

엄마, 학교생활이 너무 즐거워요!

대원외고에 갓 입학했을 때 정태는 대원외고의 힘을 잘 몰랐던 것 같다. 시간이 지날수록 정태의 표정은 밝아지기 시작했다. 대원외고 학생을 바라보는 사람들의 호의적인 시선을 따갑게 느꼈기 때문이다. 스쿨버스에서 내리면 '쟤네 부모는 얼마나 좋아!' 하면서 부러운 듯한 눈길을 보내고 가는 이웃 아줌마들을 보면서 얼마나 기분이 좋았을지는 짐작이 된다. 대학 입학 후 배지를 달고 학교에 가면서 '누가 봐 주지 않나' 하고 가슴 두근거렸던 그 심정과 유사할 것이다. 그렇듯 학교 내외에서 엘리트 의식을 갖춘다는 것은 정태에게 있어 앞으로의 인생을 살아가면서 큰 자산이 될 것이라고 생각한다.

모두들 모범생이기 때문에 수업 분위기가 좋을뿐더러 정태 표현에 의하면 '학교 선생님이 학원 선생님 같다'고 한다. 즉 진도만 쭉 빼는 수박 겉핥기식의 수업이 아니라 교과목마다 지식 전달을 적절하고 효과적으로 잘하며 학생 개개인을 인격적으로 대해 주는 분위기가 썩 마음에 든다고 연일 자랑을 쏟아 낸다.

정보 수집이 엄마가 해야 할 가장 중요한 일

나는 정보 수집을 위해 학교와 학원 설명회를 10번도 더 다녔다. 설명회장에는 미리부터 치밀하게 준비하는 초등학생 자녀를 둔 엄마들도 어렵지 않게 볼 수 있다. 학원 설명회는 주최 측이 유리한 대로만 전해 주기 때문에 객관성이 떨어지므로 너무 솔깃해할 필요는 없다.

정태가 응시한 학교장 추천은 경쟁률이 10:1에 가까웠다. 그러나 또 다른 특별 전형인 영어 경시대회 수상자는 경쟁률이 2:1이 채 못 되는 것 같았다. 정태는 영어 실력이 일정 수준 이상이기 때문에 IET(국제영어대회—대원외고 주최)

나는 정보 수집을 위해 학교와 학원 설명회를 10번도 더 다녔다. 내년에 또 입학 제도가 변경된다고 하는데, 이렇듯 바뀌는 상황에 재빠르게 대처하고 맞춤 전략을 짜기 위해서는 학원에만 의존하는 것보다는 전문가만큼 정확한 입시 정보를 알아 두는 것이 엄마가 해야 할 중요한 몫이다.

등을 미리 준비했더라면 보다 수월하지 않았을까 생각한다. 그래서 둘째 아이는 이런 시행착오를 줄이려고 일찌감치 IET를 준비시킬 계획이다.

내년에 또 입학 제도가 변경된다고 하는데, 이렇듯 바뀌는 상황에 재빠르게 대처하고 맞춤 전략을 짜기 위해서는 학원에만 의존하는 것보다는 전문가만큼 정확한 입시 정보를 알아 두는 것이 엄마가 해야 할 중요한 몫이다.

학교 공부에 최선을 다하고 입시는 딱 3개월 준비했어요

_ 김민규(대원외고 중국어과 1학년), 엄마 조정숙 씨

도곡중학교 재학 당시 '맡아 놓고 1등'이라고 불릴 정도로 소문난 수재로, 평균 99점대를 유지하는 등 성적이 뛰어나. 학교장 추천으로 대원외고에 지원, 특별 전형으로 합격했다. 민규가 법대를 가고 싶어 해서 내신 관리가 비교적 수월한 일반고로 가겠다고 마음먹었다가 친구와 선배들의 조언으로 중학교 3학년 8월에 대원외고로 방향을 돌렸다.

미국에서 1년 6개월 살다 와 영어 실력 충실하게 쌓아

민규는 7세부터 초등학교 1학년 때까지 미국에서 살았다. 한창 말을 익힐 때라 민규는 부모보다 현지에서 훨씬 빠르게 영어를 습득했다.

귀국 후 1년 반 동안 쌓은 영어 실력이 아까워서 영어 학원을 찾았는데, 인근에 있는 미국인과 캐나다인이 운영하는 D학원을 소개받았다. 8세 되던 해 5월에 등록해 꼬박 3년을 이 학원에서 공부했다. 프리 토킹 위주로 수업이 진행되

었는데, 3년 후에는 거의 원어민 수준으로 회화를 할 수 있었다.

4학년 때는 역시 회화 위주의 영어 학원으로 옮겨 학습을 계속했는데, 말하기와 듣기와 읽기는 잘하는데, 쓰기가 약했다. 그래서 그해부터 방문 영어 학습지를 시작해서 3년간 지속했다.

6학년 때 캐나다 교포가 운영하는 영어 학원에 잠시 다니다가 문법을 확실하게 공부해야겠다고 판단, 중학교 1학년 5월에 문법 위주로 스파르타식으로 가르친다고 소문난 대치동 C학원에 등록했다. 첫 레벨 테스트에서는 점수가 좋게 나오지 않았으나 하루 단어 100개 외우기 등의 엄청난 양의 과제물을 묵묵히 성실하게 소화해 낸 결과, 중학교 2학년 때는 최고 상급반으로 올라갈 수 있었다. 이때는 이미 수학 능력 시험을 봐도 무리가 없을 정도로 말하기, 읽기, 듣기, 쓰기 등 전 영역에서 탄탄한 실력을 갖추게 되었다.

일반고보다는 외국어고가 유리하다고 판단하기까지……
민규는 법대에 진학할 뜻을 갖고 있었기 때문에 서울대에 진학하려면 내신 관리가 중요하다고 판단, 일반고에 가는 것이 유리할 것이라고 생각했다. 그래서 특목고 준비를 중학교 3학년 여름방학까지도 별로 하지 않았었다. 그러나 인근에 민규와 동등하게 공부를 잘하던 아이들이 자립형 사립고나 특목고로 다수 지원하는 것을 보고 민규도 마음이 흔들리기 시작했다. 나 역시 내신이 중요하다고 생각해서 일반고를 염두에 두었지만, 지인들로부터 특목고에 보내는 것이 낫다는 이야기를 많이 들었던 터였다.

민규와 입시에 대한 심층적인 대화를 했다. 민규는 '친한 친구가 대원외고에 같이 가자고 해요. 그리고 선배들도 일반고는 내신에서 조금 유리할지 모르지만 실제 내신 반영 비율이 저조하기 때문에 걱정할 필요는 없대요. 또 성적 우수자들이 공부하기에는 대원외고가 훨씬 낫다고 해요. 잘하는 아이들끼리 모여서 공부하면 실력도 훨씬 향상된다고 하고……' 라며 흔들리는 마음을 토로했다.

2주 후 민규는 대원외고에 가겠다는 결심을 했고, 그때부터 본격적인 입시 준비에 들어갔다.

민규는 어릴 때부터 영어 실력을 탄탄하게 쌓아 놓았기 때문에 영어 시험은 큰 무리가 없었고 내신도 안정권이었으나, 문제는 구술 면접이었다.

3개월 동안 전문 학원에서 하드 트레이닝

3개월을 남겨 놓고 민규는 본격적인 시험 준비를 시작했다. 특목고 전문 수학 학원과 영어 학원에 등록을 했다. 학원 측에서는 소문난 전교 1등인 민규가 등록을 하자 환영하는 분위기였다. 학원에서는 정말 철저하게 학교별 시험 대

3개월을 남겨 놓고 민규는 본격적인 시험 준비를 시작했다.
수학과 국어, 사회 시사 등 구술 면접에 해당되는 과목을 종합적으로 매일 5시간 이상씩 공부했다.
영어는 시험 앞두고 10월 한 달 동안 파이널 코스에 다녔다.

비해 주었다. 수학과 국어, 사회, 시사 등 구술 면접에 해당되는 과목을 종합적으로 매일 5시간 이상씩 공부했다. 국어만 별도로 2시간을 더 했으니, 민규는 3개월 동안 제대로 잠도 못 자고 준비를 한 셈이다.

학원에서 새벽 2시 넘어서까지 공부를 하고 학교에서는 잠만 자는 생활이 지속되었다. 영어는 시험 앞두고 10월 한 달 동안 파이널 코스에 다녔다. 학원에서는 '대원외고가 마이크 시설이 별로 좋지 않기 때문에 약간 어수선한 환경에서 듣기 연습을 많이 해야 한다'고 했다. 때문에 한 달 내내 실전 듣기 연습을 했다.

그러던 민규가 3학년 2학기 중간고사 시험 공부를 안 하겠다는 폭탄선언을 했다. 시험 때면 늘 충실하게 준비하던 아이가 그런 태도를 보이니까 내심 걱정도 되고 당황도 되었다. 시험을 앞둔 며칠간은 주요 과목 위주로 공부를 했는데, 기본 실력이 있어서인지 전교 1등을 고수할 수 있었다. 그러나 기말고사에서는 전교 150등 밖으로 밀려났다. 다행히 대원외고 응시에 필요한 성적은 중학교 2학년부터 3학년 1학기까지의 성적이었기 때문에 2학기 성적은 아무런 영향도 미치지 않았다.

대원외고 합격 후, DAT 준비보다는 토플과 수학에 치중
꿈에 그리던 대원외고에 합격한 후, 해방감을 맛보기도

전에 DAT(학력성취도검사)를 준비해야 했다. 총 3차에 거쳐 12월부터 2월까지 시험을 보는데, 반 편성과 장학금 수여 등에 이 성적이 활용된다고 했다. 대부분의 아이들이 고입 후 첫 시험인 DAT에 올인하는 분위기인데, 민규는 자체 프로그램을 계획했다.

학교 교육 계획서를 살펴보니 '글로벌 인증제'라는 것이 있는데, 인증 자격 기준 중에 토플 230점 이상이라는 항목이 있었다. 학교장 추천 부문으로 합격한 민규는 토플을 준비한 적이 없었다. 많은 학생들이 입학시 필요 유무를 떠나 토플 시험을 치른다는 사실을 알고 민규도 시험이 끝난 후 시작했다. 고등학교 진학 후에는 준비할 시간이 절대적으로 부족할 것 같아서 겨울방학 기간에 토플을 준비했다. 250점 이상을 목표로 하루에 5시간씩 공부했다. 그리고 중학교 3학년 2학기 때는 학교 공부를 소홀히 했을 뿐 아니라 수학에 자신이 없다고 해서 학원을 다니면서 공통수학 과정까지 마무리했다.

다방면에 끼와 재주가 있어 다양한 활동 경력이 있는 예희는 진선여중 재학 시 상위 2% 정
도의 성적을 유지한 재원이었다. 초등학교 때부터 대원외고에 가고 싶었고, 그 목표를 성공
적으로 이뤄 냈다. 일반 학생들과의 차이점은 '순수 토종'으로 유학 경험이 없는데다 학원
의존도가 비교적 낮았다는 것이다. 대원외고 진학 후 '학교 분위기가 너무 좋다!'는 평가를
내렸다.

**내신 반영 비율이 높아진다고 해서 대원외고 인기 주춤,
그러나……**

예희가 중학교 2학년 때였다. 열심히 공부해서 대원외고
에 진학하겠다는 꿈을 늘 지니고 있었는데, 교육인적자원부
에서 '내신 비중 강화, 외고생 동일 계열 진학'이라고 발표
하면서 당시 외고 열풍이 숨을 죽였었다. 그래도 외고 진학
의 꿈을 버리지 않는 예희에게 "외고에 가면 내신 때문에
서울대도 못 갈 텐데 힘들게 뭐 하러 가느냐?"는 주위의 말

과 "경쟁이 치열해 스트레스도 심하고 괜히 고생스럽기만 할 거다"라며 아버지도 걱정스러운 마음에 탐탁해하지 않으셨기에 한때 주춤하기도 했다. 그러나 예희는 보다 장기적이고 구체적인 진로 계획을 세워 놓았기 때문에 대원외고 진학의 꿈을 흔들림 없이 밀고 나갈 수 있었다.

예희는 신문이나 방송 등 언론 기관에서 일하고 싶은 것이 장래 희망이다. 대원외고는 20년이 넘는 기간 동안 명문의 맥을 유지하면서 언론과 법조계, 해외 유학파 등 쟁쟁한 네트워크를 자랑하기 때문에 자신이 하고 싶은 일에 든든한 뒷받침이 되어 줄 것이라는 기대가 '서울대' 보다 사실 더 컸다.

초등학교 때 국내 학원 수업 위주의 영어 하드 트레이닝

예희는 유학 경험이 전혀 없다. 37명의 반 아이들 중에서 토종이 불과 7명 이내일 정도로 대원외고생들 대부분이 조기 유학의 경험이 있다. 그러나 예희는 초등학교 때 캐나다 어학 캠프에 한 번 다녀온 적이 있고, 그 외에는 미국과 캐나다 등 영어권 나라로 가족 여행을 갔던 것이 영어 체험의 전부였다.

내가 예희를 어학 캠프에 보낸 것이나 영어권 나라로 여행을 데리고 다녔던 것은 굳이 영어 공부를 위해서가 아니었다. '영어' 라는 강물에 발을 담가 보고 영어의 필요성을 느끼는 것과 그렇지 않은 것의 차이점이 크다고 생각했고, 영어권 나라의 사람들은 어떤 생각을 하고 어떤 문화 속에서 사는지를 보여 주고 싶었던 것이 가장 큰 목적이었다.

대신 평소 영어 공부는 학원을 다니며 하드 트레이닝을 했다. 초등학교 저학년 때는 주 2회 흥미 위주로 가정에서 그룹 지도를 받았고, 초등학교 4학년 겨울방학부터 대치동의 학원에 다니기 시작했다. 당시 방학 집중반 수업에 참여했었는데, 1주 5회 수업이 진행되었으며 하루에 단어를 200여 개씩 외워야 했다.

예희는 "정말 너무 힘들어서 학원에 그만 가고 싶다는 생각이 들기도 했어요. 그런데 나중에 생각해 보니 이때 어렵고 힘들게 열심히 한 덕분에 영어 실력이 쑥 늘어난 것 같아요"라고 공부 소감을 말한다.

학기 중에는 학원에서 연일 시험의 연속이었다. 매일 단어 시험, 2주 1회 쪽지 시험, 월 1회 수준별 테스트, 3개월에 한 번씩 반 나누기 테스트 등 숨 가쁘게 학생들을 공부시켰다. 매일 2시간 이상 영어에 투자해야 겨우 따라갈 수 있었다. '취향에 맞지 않아서' 중도 탈락하는 학생들도 있었지만, 예희는 그러한 수업 방식이 잘 맞았고, 영어 실력을 쌓는 데 결정적인 도움을 받았다.

평소 학교 공부 충실히 하다가 중3 여름방학부터 시작해도 늦지 않다

"친구들 중 다수가 초등학교 6학년 때부터 외고반, 민사고반 등 대비반에 다녔어요. '나만 뒤떨어지면 어쩌나?' 라는 불안감이 없지 않아 있었는데, 지나고 보니 일찍 시작하는 것이 능사는 아니라는 생각을 했어요."

중학교 1학년 때부터 밤늦게까지 외고 대비 공부에 매달릴 필요도 없다는 것이 예희의 생각이다.

예희는 평소에 학교 수업 중심으로 공부했는데, 결론은 '그게 맞다!' 는 것이었다. 외고 입시 영어 시험이나 구술 면접 모두 학교 공부에 충실히 하면서 기본 토대를 닦고, 외고 시험 유형에 맞는 시험과 문제에 익숙해질 정도로 준비하면 무리가 없다는 것이 여희의 경험에서 우러난 학습법이다.

외고 준비를 하는 친구들이 학교에서 수업 시간을 소홀히 하고 학원 숙제에만 매달리는 경우, 얻는 것보다는 잃는 것이 많다. 특히 평소 영어와 수학은 외고 입시 대비 공부가 아니라 교과서 이상의 심화 학습을 하면서 실력을 탄탄히 다져 두고, 이를 토대로 필요한 만큼의 일정 기간 동안만 준비를 하는 것이 '내신' 과 '외고 진학' 의 목표를 동시에 이루는 방법이다.

예희는 평소에 학교 수업 중심으로 공부했는데, 결론은 '그게 맞다!' 는 것이었다. 외고 입시 영어 시험이니 구술 면접 모두 학교 공부에 충실히 하면서 기본 토대를 닦고, 외고 시험 유형에 맞는 시험과 문제에 익숙해질 정도로 준비하면 무리가 없다는 것이 예희의 경험에서 우러난 학습법이다.

외고 대비 학원 수업과 시간을 자기 입맛에 맞게 골라라

예희는 외고 대비 전문 학원을 중학교 3학년 여름방학 이후부터 다니기 시작했다. 보통 10월 말부터 원서 접수가 시작되고 11월 초에 시험을 보는데, 9월부터 잡으면 두 달이 채 안 되는 셈이다.

'너무 짧지 않을까?' 라고 의문을 던지기도 했지만 예희 나름대로의 스케줄을 만들어 진행했다. 먼저 외고 대비 전문 학원을 방문해 외고 모의고사를 보고 학원 측과 상담하여 자신의 실력과 위치를 파악해 보았다. 영어 듣기는 그런 대로 괜찮았으나 구술 면접은 준비가 필요하다고 판단했다.

압구정동에 있는 그 학원에는 주 3회 영어 수업과 구술 면접을 함께 대비해 주는 반과 주 1회 나와 4시간씩 구술 면접만 대비해 주는 반이 있었는데, 예희는 부족하다고 느끼던 구술 면접만 6회 정도 수강했다. 시작 시점이 9월 중순이었다.

중간고사가 끝나고 10월 중순부터는 집 근처 영어 학원 외고 준비반에 들어가 '듣기'를 집중적으로 공략했다. 거기에서는 원래 듣기 시험보다 속도를 더 빠르게 하고, 대원외고 시험에 맞춰 잡음까지 섞어 가면서 듣기 대비를 시켜 주었다. 주 3회 정도만 학원에 나가겠다고 하자 학원 측에서는 다른 학생들은 아무리 늦어도 여름방학 때부터 매일 학원에 다니며 준비해 왔으니 매일 나오는 것이 좋다고 강조

했다. 물론 시험에 대한 준비도 중요했지만, 그보다 영어 듣기 시험에서 좋은 컨디션을 유지하여 실제 시험에 집중력을 발휘하는 것이 더 중요하다는 생각에 예희는 몸이 지치지 않도록 자기가 선택한 스케줄대로 꿋꿋이 움직였다.

학원에 가지 않는 날에는 전에 다니던 학원의 구술 면접 문제들을 복습하며 오답 노트를 만들어 정리해 나갔다.

'대원외고 교복만 봐도 가슴이 뛰어, 중2 때부터 대원외고를 목표로 삼았어요'

_ 김아영(대원외고 불어과 2학년), 엄마 김유진 씨

미국에서 귀국하자마자 치른 중학교 시험에서 거뜬히 상위권에 들 만큼 기초 실력이 탄탄하다. 중3 때부터 본격적으로 외고 준비를 시작했고, 자신이 꼭 가고 싶었던 학교에 다니게 되어 무엇보다 기뻤다고 한다. 경험이 없었던 탓에 시행착오가 있었던 시험 준비 과정과 합격 후 적응하기까지의 이야기를 허심탄회하게 들려주었다. 대학 졸업 후 언론계에 종사하고 싶다는 포부와 함께.

2년 반의 미국 생활 동안 닦은 영어 실력이 효자 노릇

초등학교 5학년 때부터 중학교 1학년 1학기 때까지 2년 6개월 동안 미국에 교환 교수로 가는 아빠를 따라 유학을 다녀왔다. 아영이를 위해 영어 학습에 신경을 많이 썼는데, 그만큼의 효과를 거둔 것 같다. 그 과정은 다음과 같다.

아영이는 미국의 공립 초등학교에 다니면서 대학생 영어 과외 지도를 받았다. 1회에 3만 원씩 주 2회, 월 24만 원이라는 저렴한 돈으로 제대로 된 영어 개인 지도를 받았다. 아영이 수준에 맞는 그림 동화책을 지속적으로 읽고 단어 카드로 단어 공부를 했는데, 단어를 그냥 외우게 한 것이 아니라 단어를 넣어서 문장을 만들게끔 공부를 시켰다. 조금은 특이한 공부법이었는데 아영이는 잘 따라 했고, 영어 실력도 눈에 띄게 늘었다.

당시 우리가 머물던 앨라배마 주의 도시는 한국인이 거의 없는 동네였다. 그래서인지 아영이는 너무 심심해하며 한국을 그리워했는데, 지금 생각해 보면 영어 공부를 위해서는 그런 분위기가 도움이 되었던 것 같다.

아영이는 인근 도서관에서 영어책을 빌려 읽고, 영어 일기 또한 거의 매일 썼다. 또 상대적으로 취약한 수학을 보충하기 위해 한국인 대학생으로부터 과외를 받았다. 때문에 미국에서의 성적은 매우 우수해서 상위 1% 안에 들었다.

영어권 나라에서 학교를 다니면서 집에서 따로 영어 공부를 지속적으로 하니까 말하기—듣기—쓰기—읽기 등 전 영역의 실력이 한국에서 10년 이상 학원에 다니는 것보다 훨씬 더 효과적으로 향상되었다.

중학교 2학년 때 대원외고를 목표로 삼다

아영이는 "중학교 때는 대원외고 언니 오빠들 교복만 보면 가슴이 뛰어요. 정말 멋져 보여요. 실력만 닿는다면 꼭 대원외고에 가고 싶어요"라고 말하곤 했다.

나는 아영이의 의견에 적극 찬성했다. 외국 거주 경험으로 영어 실력은 어느 정도 쌓았으니 기본기는 된 셈이고, 나머지 준비를 착실하게 하고 학교 성적 관리만 잘하면 가능성이 있다고 판단했다.

아영이는 가슴이 뛰도록 선망의 대상이 된 대원외고에 합격하기 위해 차근차근 준비를 했다. 미국에서 갈고 닦은 영어 실력으로 대원외고에서 주최하는 국제영어대회(IET)에 참가해 장려상을 받았고, 4급의 학력 인증서를 받았다. 토플은 263점을 취득해 두었다.

영어 실력은 안정권에 들었다고 판단, 중학교 2학년 때부터 개인 과외를 통해 수학 심화 학습을 했다. 특목고 대비반에서 밤 11시까지 공부했으며, 여름방학부터는 3개월 코스로 대치동의 어학원에서 주 3회 정도 새벽 1시까지 공부했다. '이렇게까지 공부해야 하나' 라는 생각도 들었으나 아영이의 하드 스터디는 입학 시험 날까지 지속되었다.

아영이는 평소 영어와 수학을 든든하게 준비해 두었기 때문에 파이널 코스인 3개월 동안은 기출 문제 및 예상 문제 풀기, 시험 테크닉 익히기 등을 위주로 공부했는데 큰 어려움은 없었다.

마침내 특별 전형에 학교장 추천으로 합격했다. 경쟁률은 9:1로 치열했는데, 영어 듣기와 구술 면접에서 좋은 점수를 받아 안정적으로 합격할 수 있었다.

'스스로 학습 능력'이 매우 뛰어난 학생이다. 어릴 때부터의 다방면의 독서, 신문 읽기, 꾸준한 영어 공부, 내신 관리 등이 대원외고 합격의 뿌리가 되었다고 한다. 특히 학교 공부를 1순위로, 고입 대비는 2순위로 두고 공부를 해야 한다고 강조한다.

인근 고등학교 정문에 걸린 '연세대 합격' 플래카드 보고 절망감

어느 날 학교에 다녀온 우현이가 이렇게 말했다.

"강남에 있는 일반 고등학교에서는 매년 서울대를 10명 이상씩 보낸다고 하는데, 집 근처 고등학교 정문에는 연세대 입학한 것을 플래카드로 걸어 놓았네요. 아무래도 좀 더 좋은 학교로 가야겠어요."

중학교에서 최상위권의 성적을 유지하던 우현이를 나 역

시 공부 잘하는 아이들이 모이는 좋은 학교로 보내고 싶은 마음은 굴뚝같았다.

우현이는 이렇듯 자신의 필요에 의해 중3 때 집에서 가까운 대원외고에 가겠다고 결심하기에 이르렀다. 스스로 한 판단인 만큼 그 이후에는 우현이 스스로 모든 것을 처리하는 기특함을 보였다.

우현이는 대원외고로 뜻을 굳힌 뒤에 학원이 아닌 학교 진로부장 선생님에게 상담을 요청했다. 그 결과 우현이는 대원외고에 가야 할 필요성을 더 굳힌 것 같았다. 우현이는 '공부 잘하는 아이들이 가는 학교, 명문대 진학률 전국 1위, 선후배 관계가 특히 돈독하다' 라는 결과를 얻었다며, 뜻을 세웠노라고 엄마 앞에서 공언하기에 이르렀다.

6세 때 영어 시작, 매일 하루 30분 이상씩 꾸준히 공부

우현이는 6세 때 영어 방문 학습지로 파닉스를 배웠다. 5년 정도 학습지를 꾸준히 하면서 체계적으로 영어 실력을 다졌다. 그리고 초등학교 3학년부터는 혼자 영어 학습을 했다. 영어 동화책을 매일 읽고, 매일 들었다. 스콜라스틱에서 출간한 옥스퍼드 교재로 초등 저학년을 위한 1단계부터 7단계까지의 영어책을 읽기와 듣기 교재로 활용했다.

초등학교 5학년 때는 미국 서부에 있는 친척 집을 다녀왔는데, 그것 외에는 어학연수나 조기 유학 경험이 없다.

초등학교 4, 5학년 때는 친구 2명과 함께 주 1회씩 선교사들이 운영하는 영어 학습 프로그램에 참여했다. 2시간 동안 게임과 퀴즈 등을 통해 영어를 공부했는데, 자유로운 분위기가 좋았고, 영어 학습 효과도 컸었다.

중학교 1학년 여름방학부터는 어학원에 다니면서 체계적으로 공부를 했는데, 입학할 때 최고 레벨로 배정되었다. 그때부터 주 3회, 4시간씩 영어 공부를 했다.

외고 대비 학원에 다니라는 부모님과의 줄다리기

강북에 있는 외고 대비 명문으로 소문난 학원에 등록해서 준비하자고 권했으나 우현이는 끝까지 거절했다. 나는 우현이와 오랜 줄다리기를 해야 했다. 우현이는 '혼자 공부해도 충분하다!'며 고집을 꺾지 않았다. '학교 공부를 뒷전으로 하고 중1 때부터 방과후에 새벽 1시까지 외고 대비에 매달리는 것은 소모적'이라고 생각하는 것 같았다. 워낙 자기 신념이 강하고 스스로 모든 일을 계획하고 처리하는 아이라 싫다는 애를 더 이상 학원에 가라고 권유할 수 없었다.

우현이는 사교육 스케줄도 스스로 짰다. 수학과 영어는 교과 외의 심층적인 학습이 필요하다고 판단, 영어는 학원에서, 수학은 주 2회 2시간씩 민족사관고 지망생들의 그룹 지도 팀에서 '10-나'까지 심화 학습을 했다.

최소한의 학원만 다녔기 때문에 우현이의 하루 스케줄은

우현이는 사교육 스케줄도 스스로 짰다. 수학과 영어는 교과 외의 심층적인 학습이 필요하다고 판단, 영어는 학원에서, 수학은 주 2회 2시간씩 민족사관고 지망생들의 그룹 지도 팀에서 '10-나'까지 심화 학습을 했다.

일반 학생들과는 달랐다. 학교에서 돌아온 후 맛있는 낮잠은 기본 코스였다. 하루의 피로를 풀고 학원 숙제를 한 후에 저녁에 다시 학원으로 가곤 했다.

여유 시간을 이용 다방면의 독서와 신문 읽기 등으로 배경 지식 쌓아

꼭 우현이가 '배경 지식을 쌓는다'는 목적으로 독서와 신문 읽기를 한 것은 아니었다.

초등학교 6년 내내 우현이는 도서관에서 주 4권의 책을 빌려 읽곤 했다. 《과학사대논쟁》, 《다빈치 코드》 등이 재미있게 읽은 책들이었다.

중학교 때는 한 달에 한 번 규칙적으로 서점에 들르는 것이 낙이었다. 2~3권씩 구입을 했는데, 책을 안고 집으로 올 때는 '부자가 된 기분'이라고 말하곤 했다. 주로 도서관에서 빌려 읽는 책이 많았는데, 재미있어서 몇 번이고 반복해서 읽고 싶은 책은 나에게 목록을 적어 달라고 했다. 우현이는 《15소년 표류기》를 도서관에서 빌려만 읽다가 내가 사주었을 때 너무너무 기뻐했는데, 그만큼 책을 소중하게 생각했고 또 독서하기를 즐겼다.

우현이는 책을 매우 아끼는 아이이다. 누가 시킨 것도 아닌데 책을 바닥에 함부로 두거나 낙서를 하거나 훼손시키는 것을 참지 못했다. 그래서 우현이의 교과서와 책은 새것처

럼 모두 깨끗하다.

우현이의 신문 읽기와 뉴스 시청은 초등학교 5학년 때부터 시작되었다. 어릴 때부터 우현이는 과장해서 표현하면 '귀가 짓무를 정도'로 질문을 많이 했다. 그런 호기심 대장이 우연히 뉴스를 보다가 '여당, 야당'이라는 단어를 듣게 되었고, 그게 무엇인지 궁금해 신문을 뒤적이게 된 것이 신문을 가까이하게 된 계기였다. 그때부터 틈만 나면 거실 소파에 앉아서 신문에 얼굴을 파묻고 읽는 일이 많았다.

우현이는 고등학생인 지금도 시간이 날 때마다 책을 읽는데, 이런 독서의 힘으로 초등학교와 중학교 때 글짓기상은 맡아 놓고 받아 왔다.

우현이는 "외고 구술 면접 시험이 어렵다고 하잖아요. 그런데 국어, 수학, 사회, 영어 등이 통합형으로 출제되기 때문에, 교과 외에 다방면의 독서를 하면 매우 유리하더라고요. 전 어릴 때부터 신문과 뉴스를 가까이했던 것이 보이지 않는 힘이 되었던 것 같아요"라고 말한다.

대원외고 입시에 지원하기 위해서는 아무리 학원을 다니지 않는다고 해도 파이널 코스 정도는 듣는 것이 상례인 데 반해, 우현이는 실제로 영어 학원과 수학 그룹 지도 외에는 사교육을 받지 않았다. 시험 3주 전에 외고 듣기와 토플 듣기 등의 교재를 구입해 스스로 듣기 준비를 했으며, 시사 상식이 필요할 것 같아서 이전 신문들까지 샅샅이 뒤져 보는

대원외고 입시에 지원하기 위해서는 파이널 코스 정도는 듣는 것이 상례인 데 반해, 우현이는 실제로 영어 학원과 수학 그룹 지도 외에는 사교육을 받지 않았다. 시험 3주 전에 외고 듣기와 토플 듣기 등의 교재를 구입해 스스로 듣기 준비를 했으며 시사 상식이 필요할 것 같아서 이전 신문들까지 샅샅이 뒤져 보는 정도가 우현이가 선택한 구술 면접 준비 학습이었다.

정도가 우현이가 선택한 구술 면접 준비 학습이었다.

대원외고 입시 전략, 우현이 스스로 짜다

내 아들이지만 우현이의 대원외고 합격 과정은 참으로 독특하다. 그리고 대견하기까지 하다. 대부분 엄마들이 홈페이지를 수시로 들여다보고, 학원 등 관계 기관의 설명회를 발이 닳도록 뛰어다니면서 입시 지도의 주도권을 쥔다. 자녀는 엄마가 가라는 학원에만 열심히 다니면 된다. 그러나 우현이에게 엄마가 해 준 역할은 믿기지 않을 정도로 미미하다. 우현이는 학원 선택에 이어 입시 전략까지 스스로 짰는데, 그 과정이 흥미롭다.

우현이는 중학교 3학년 때 토플 시험을 봐서 233점을 받았다. '점수가 너무 낮은 거 아닌가?'라고 생각할 수도 있는데, 우현이는 "홈페이지 입학 요강에 보면 230점이 지원 자격 기준이었다"고 말했다. 즉 서류상의 수치를 그대로 믿고 230점 이상을 받았으니 안심해도 된다고 생각했다는 것이다.

국제영어대회 IET에도 매년 나가서 학년별로 2, 3급을 꾸준히 받았다.

우현이는 특별 전형과 일반 전형 모두를 훑어보았다. 영어 능력 우수자 전형은 토플 만점자도 몇 명 응시한다고 하니까 점수가 미약해 아무래도 위험하고, 성적 우수자는 3학년 1학기 가중치 성적에서 불안할 것 같고. 그래서 학교장 추천을 선택하기로 결정했다.

그러나 이미 학교장 추천 희망자가 10명이 넘었다. 우현이는 진로부장 선생님께 다른 학생들을 설득할 수 있는 기회를 달라고 요청, 학생들의 특성을 파악하면서 설득 작전을 펴기 시작했다. 토플 280점이 넘는 학생, 전교 3등 안에 꼭 드는 학생들에겐 굳이 단 두 명만 배정되는 학교장 추천으로 가지 않아도 영어 능력 우수자, 성적 우수자 등의 전형으로 가도 된다고 설명했고, 마침내 5명 이내로 추리게 되었다. 그 안엔 토플 280점 이상을 획득한 미국에서 살다 온 아이, 특목고 전문 학원에서 1등을 하는 아이, 이과를 가겠다는 아이, 우현네 반에서 1등을 놓치지 않는 아이가 포함되어 있었다. 결정은? 가위바위보로 깨끗이 승부했다.

우현이는 운 좋게 이겼다. 그러나 특별 전형의 학교장 추천 부문에선 떨어졌고, 일반 전형에서 합격했다.

'토플 만점 영어 실력을 활용,
성적 우수자 전형에 지원했어요'

_ 이호영(대원외고 중국어과 1학년), 엄마 김미경 씨

목동 신서중학교에서 전교 660명 중 늘 10등 안에 들었을 정도로 성적이 우수했다. 성적 우수하고 영어 실력이 뛰어난 학생은 일단 외고에서 전형별 선택의 폭이 넓어진다. 안정적인 점수로 특별 전형에서 합격한 호영 군은 '토플 만점'으로 이미 중학교 2학년 때부터 유명세를 타기 시작했다.

'토플 만점'의 호영이가 대원외고를 선택한 이유

호영이는 자칭 '놀쇠'이다. 놀기를 무척 좋아한다는 의미에서 붙여졌다. 목동에 살았으니 인근 명덕외고를 택할 법도 한데, 호영이는 왕복 2시간 거리의 대원외고를 택했다. 그 이유는 "대원외고는 입학하기는 힘들지만 입학 후에는 자유로운 분위기에서 공부할 수 있고, 동아리 활동 등이 매우 활성화되었다는 얘기를 들었기 때문"이라고 말한다. 또한 분위기에 휩쓸리기를 좋아해 만약 일반 고등학교에 진학

하면 주변 분위기에 휩쓸려 공부를 소홀히 하지 않을까, 하는 자타가 인정한 '우려감' 이 대원외고를 선택하게 했다.

호영이는 전형적인 '조기 유학파' 이다. 그러나 토플 만점에 학교 성적까지 잘 관리해 낸 '모범적이고 성공적인 유학파' 라고 할 수 있다.

초등학교 4학년 10월에 뉴질랜드로 조기 유학 떠나다

호영이는 전형적인 '조기 유학파' 이다. 그러나 토플 만점에 학교 성적까지 잘 관리해 낸 '모범적이고 성공적인 유학파' 라고 할 수 있다. 간혹 유학 덕분에 영어는 건졌으나 학교 공부가 떨어진다, 유학은 다녀왔지만 국내 학원에 다니는 것 이상의 실력은 쌓지 못했다, 귀국 후 영어 관리를 잘하지 못해 유학의 효과를 깎아먹었다 등등의 유학 실패 사례를 많이 듣는데, 호영이의 유학 효과는 단연 뛰어났다고 볼 수 있다.

호영이는 초등학교 4학년 달에 유학을 떠난다는 계획을 세우고 4학년 되던 해 1월부터 어학원에 다니기 시작했다. 8개월간 어학원에서 영어 공부를 하다가 뉴질랜드 클라이스처치로 갔다. 그곳은 한국인이 거의 살지 않는 지역이었는데, 호영이가 다니던 초등학교에는 한국인이 호영이 한 명뿐이었다.

입학 후 20일 정도 학교에 다니고는 곧 방학에 들어갔다. 아는 친구도 없고, 한국인은 찾아볼 수도 없고, 호젓한 주택가에는 호수의 오리와 오가는 야생동물들뿐이었다. 때문에 매우 심심한 나머지 나와 호영이는 인근 도서관에서 월 30

권의 그림 동화책을 빌려다 읽기 시작했다.

나는 호되게 호영이에게 영어 공부를 시켰다. 늘 소리 내어 책을 읽도록 했으며, 매일 영어책 읽기를 지속시켰다. 호영이가 학교에 다닐 때는 내가 영어 동화책을 보면서 단어장에 새로운 단어와 발음 기호, 여러 개의 뜻 중에 책 속에 쓰인 뜻 하나를 적어서 매일 20개 정도씩 외우게 했다.

8개월 정도 그림 동화책 공부를 지속하니까 그 후로는 호영이 혼자서도 별 어려움 없이 동화책을 읽을 수 있게 되었다.

호영이는 뉴질랜드에서 중학교 진학을 했는데, 전국수학경시대회에서 금메달을 수상하기도 했다. 확실히 한국 학생들이 수학 실력은 뛰어난 듯했다. 중학교 13반 중에 특별반에서 공부할 정도로 호영이의 성적은 우수했었다.

2년 반의 외국 생활을 마치고 귀국할 때의 호영이는 뉴질랜드에서의 수업 및 일상적인 대화가 가능한 정도의 원어민 수준으로 영어 실력이 향상되었다.

귀국 후 중학교 1학년으로 입학, 학원의 귀국자녀반에서 1년 동안 영어 공부를 했고, 2학년 때부터는 재미교포로부터 3~4개월 정도 지도를 받았다. 그리고 호영이는 학원의 토플 실전반에서 한 달간 공부를 한 후 토플 시험을 봤는데, 첫 시험에서 영광스럽게 '만점'을 받았던 것이다.

호영이의 장점을 최대한 살린 전형에 지원

호영이는 전교 10등 내외의 우수한 성적을 유지하고 있다는 점, 영어 실력이 아주 뛰어나다는 점이 장점이었다. 학교 내신도 뛰어나고 영어 실력도 좋았기 때문에 다른 학생들에 비해 호영이가 응시할 수 있는 전형의 폭은 넓은 편이었다.

나는 대원외고 설명회와 학원의 외고 입시 설명회를 두루 찾아다니며 정보를 입수했고, 또 학원의 도움을 받아 호영이에게 적절한 전형을 물색한 결과 '성적 우수자 전형'이 유리하다고 판단했다.

학교장 추천은 경쟁률이 10:1이 넘을 만큼 치열했다. 그러나 성적 우수자 전형은 학교장 추천보다 일단 경쟁률이 높지 않았고, 호영이의 영어 실력이 타 학생에 비해 유리하리라 판단했기 때문에 이 부문에 지원해 합격했다.

특목고 대비 주 1회 3개월 파이널 코스로

"영어와 수학 실력을 확실히 다지고 평소 내신 관리에 충실했다면, 굳이 1년 이상 특목고 대비반에서 고생할 필요가 없다"고 호영이는 말한다.

호영이는 시험에 합격한 후 대원외고 합격 비법을 알려달라는 주변의 엄마들에게 이렇게 답변한다.

"구술 면접에서 출제된 님비, 핌피 등 지역 이기주의에

나는 대원외고 설 명회와 학원의 외고 입시 설명회를 두루 찾아다니며 정보를 입수했고, 또 학원의 도움을 받아 호영이에게 적절한 전형을 물색한 결과 '성적 우수자 전형'이 유리하다고 판단했다.

관련된 문제와 유비쿼터스 등이 모두 중3 사회 시간에 배운 거예요. 국어, 영어, 수학 등 타 과목도 마찬가지죠. 중학교 3년 동안 열심히 학교 공부하면서 내신 관리해 두고, 그 바탕 실력으로 3개월 정도 특목고 대비반에서 외고 유형 문제를 반복해서 풀어 보는 정도면 충분하다고 봅니다."

토플 만점자 호영 군에게서 듣는 '영어 공부법'

호영 군은 영어권 나라의 유학과 국내 학원 공부를 모두 경험했다. 그리고 최대한의 효과를 거둬들였다. 따라서 호영 군의 영어 학습법은 외고를 준비하는 학생들에게 좋은 정보가 될 것이라 판단해 별도로 정리해 보았다.

▶ 초등학교 4~6학년 때 단기 유학은 꼭 다녀올 필요가 있다

호영 군은 같은 시간을 투자해 한국에서 학원을 다니며 영어 공부를 했다면, 지금과 같은 실력을 닦기엔 역부족이었을 것이라고 말한다. 특히 호영 군은 조기 유학지로 뉴질랜드를 강력 추천했는데, 그 이유를 들어 보자.

"내가 있던 클라이스처치라는 곳은 뉴질랜드에서도 외곽 지역이에요. 유흥 문화, 놀이 문화가 거의 발달되어 있지 않아 매우 심심하고 따분한 분위기죠. 한국 사람도 찾아보기 힘들고요. 그래서 어찌 되었든 그 나라 친구들과 학교 생활을 해야 하니까 영어에 몰입할 수밖에 없었어요."

엄마와 매일 영어 동화책을 읽고, 단어 외우고, 수학 공부하는 것이 하루 일과의 대부분이었단다. 이어서 "한국 학생들이 유학지로 많이 선정하는 뉴질랜드의 오클랜드 같은 대도시는 한국 학생들이 굉장히 많아요. 오후 시간엔 어른과 동반하지 않고 다운타운을 다닐 수 없다고 하지만, 그래도 한국 아이들끼리 어울려 다니며 공부에는 소홀한 경우가 많다"고 덧붙인다.

뉴질랜드를 강력 추천하는 또 하나의 이유는 저렴한 유학 비용이다.

호영 군이 유학 갈 당시의 영어 학원비가 월 17만 원이었는데, 뉴질랜드 학교의 학비는 연 250만 원이었다. 월 20만 원이 조금 넘는 정도였다. 여기에 과외비까지 합해도 월 30만 원이 채 넘어가지 않았다. 집은 아는 사람으로부터 빌렸기 때문에 비용 부담이 그리 크지 않았다.

결론적으로 한국에서의 사교육비의 1/3도 안 되는 비용을 투자해서 최고 효율의 영어 공부를 했다는 것이다.

▶ 아이만 나 홀로 유학은 성공률이 상대적으로 낮다

대도시에 위치한 학교와 홈스테이, 그리고 나 홀로 유학을 떠났다면, 아주 특별하게 공부 욕심이 많지 않은 이상 열심히 공부하는 분위기를 조성하기 힘들다. 외국 학교는 일찍 끝나고 우리처럼 시험에 대한 스트레스도 많지 않기 때문에, 시간이 비교도 안 되게 많아 탈선의 길로 접어들거나 시간을 헛되이 보내는 학생들이 꽤 많은 것으로 알고 있다.

초등학교 때 유학을 떠나는 것이라면 부모와의 동반 유학이 가장 안정적이다. 그냥 유학을 떠나기보다는 가서 방과후에 남는 시간을 잘 활용할 계획표 정도는 짜서 가는 것이 성공률을 높이는 방법이다.

▶ 유학국에서 중학교에 다녀 보는 것이 영어 실력 향상에 효과적이다

한국의 교과 과정도 그렇지만, 초등학교에 비해 중학교는 상당히 어휘력 부분에서 업그레이드된다. 외국 학교 역시 마찬가지이다. 초등학교 때는 교과서 내용이 쉬워서 수준 있는 영어를 학교에서 접하기가 쉽지 않다. 호영 군은 그곳에서 중학교 1년을 다니다 귀국했는데, 초등학교를 다닌 기간이 더 길었음에도 불구하고 중학교 1년 동안 배운 영어 실력이 모든 영역에서 급속도로 향상되었다고 말한다.

호영 군은 현지에서 귀국 후 한국에서 중학교 1학년으로 진학할 것을 대비, 한국 교과 과정에 맞춰 수학, 사회, 국어 등을 집에서 꾸준히 공부했다.

▶ 책을 많이 읽으면서 새로운 단어를 알아 나가는 것이 효과적

보통 어학원에서는 외고 대비반이라고 하면 하루 단어를 100개 이상 외우게 하는 등 하드 트레이닝을 시키는 것으로 알고 있다. 그러나 호영 군은 이런 방법에 대해 적극 반기를 든다.

"원서를 읽다 보면 새로운 단어를 접하게 되거든요. 이렇듯 문장을 해석하면서 그 문장의 의미에 적합하게 단어의 뜻을 찾아보거나 유추하면서 단어 실력을 키우는 것이 적합한 방법이라고 생각합니다. 따로 단어만 떼어 내서 외우면 지겹기도 하고, 실제로 문장에서 외운 단어를 적용시켜 보면 바로 독해가 되는 게 아니거든요."

▶ 원서는 한 가지 책을 수십 번 반복해서 읽어라

호영 군만의 영어 공부법 중에 하나는 원서를 반복 독서하라는 것이다.

"《해리포터》 시리즈와 《반지의 제왕》 등 내가 좋아하는 원서를 뉴질랜드에서 읽기 시작해 수십 번을 읽었어요. 물론 재미가 있어서이기도 했는데, 나중에 보니 영어 실력 향상에 큰 도움이 되더라고요. 자꾸 읽다 보면 거의 외우다시피 되는데, 그러면서 문장 유형과 표현, 단어와 문법까지도 저절로 익히는 효과가 있지요."

자신이 즐겨 읽는 책을 한 권 정해서 열 번 이상 반복 독서하라는 호영 군의 영어 공부법 제안은 귀담아들을 만하다.

▶ 영어 실력을 닦은 후, 원서로 문법을 공부하면 쉽고 재미있다

중학교 1학년에 진학하기 전 2개월 코스로 기초 문법을 훑는다. 3개월 동안 영어 문법책을 뗀다. 일반 학생들의 문법 정복 작전들이다. 그러나 호영 군의 문법 공부는 조금 새롭고 참신하다.

"문법책을 보면 머리가 아파요. 현재완료, 과거완료, 현재분사……. 문법 용어 자체가 너무 어려워서 공부하기가 싫어졌어요. 그런데 캠브리지대학에서 출간한 문법책 《English Grammer in Use》를 읽었더니 쉽고 재미있었어요. 단계별로 두 권으로 나누어 구성되어 있는데, 이 책 읽고 문법 정리를 끝냈죠."

즉 '현재진행형'이라고 하면 잘 모르는데, 원서에서 'Present continuous'라고 하면 쉽게 이해가 된다. 마찬가지로 '현재완료형'을 원서에서 'Present Perfect'라고 읽으면 바로 이해가 되는 식이다.

정리하면, 초등학교 때는 영어로 말하기 듣기 읽기 쓰기 등의 실력을 다져 두었다가 중학교 진학할 때나 진학 후에 원서를 읽으면서 문법을 정리하면 문법 정리를 더 쉽게 할 수 있고, 독해력도 향상되는 효과가 있다는 것이다.

외국어고 입시 베테랑 학원장들에게 듣는다!

매년 다수의 합격자를 배출해 낸 만큼
특목고 합격 노하우를 다년간 추적해 놓은 특목고 전문 대표 학원의 원장들로부터
대원외고 입시 전략의 핵심 포인트를 들어 본다.

PART 4

외국어고 입시 베테랑 학원장들에게 듣는다!

'외국어고 입시'라는 배를 운항하는 선장 격으로 감히 '학원'을 선택했다. 학교 진학 담당 교사를 선장으로 내세우지 않는다고 돌을 던지고 싶어 하는 사람들을 위해 우리나라의 특목고 입시 현실에 대해 짚고 넘어가지 않을 수 없는 부분이 있다. 결론부터 말하면 '특목고 입시 전략은 학교 선생님 손을 떠나 있다!'라고 단언할 수 있다.

대원외고 등 외국어고를 비롯해 과학고 등 특목고를 준비하는 학생들 수십 명을 인터뷰한 결과, 그들은 한결같이 "학교 선생님으로부터는 아무런 정보도 얻을 수 없었다. 상담을 하면 대부분 입시 전문 학원에 문의하라고 했다"고 말한다.

현실이 그렇다. 이런 이유로 현재 학원가에는 '특목고 대표 전문 학원' 군이 형성되어 있다. 이들 학원은 매년 특목고 입시가 끝나면 자신의 학원 출신 합격자들이 줄줄이 적힌 플래카드를 걸어 위세를 과시하곤 한다.

매년 다수의 합격자를 배출해 낸 만큼 특목고 합격 노하우를 다년간 축적해 놓은 대표 학원의 베테랑 원장들로부터 대원외고 입시 전략의 핵심 포인트를 들어 보았다.

대원외고에 합격하기 위해서는 장기 계획이 필요하다. 입시 관계자들의 오랜 경험에 의하면, '외고 입시의 양대 축인 영어와 구술 면접은 단기간에 실력을 쌓을 수 없기 때문'이라고 단호하게 못 박는다. 항간에 '초등학교 때부터 특목고를 목표로 공부를 한다'는 말이 있는데, 이는 과장이 아니다. 자녀 입시 전략의 '선수'들이라 불리는 강남구 대치동과 강서구 목동, 경기도 분당 등의 발 빠른 엄마들은 빠르게는 유아기부터, 일반적으로는 초등학교 3, 4학년 이후로는 어느 정도 방향을 잡아 장기 전략을 짜기 시작한다. 그동안 수많은 특목고 합격생을 배출해 내면서 가장 안정적으로 합격권에 들 수 있는 장기 전략을 추출해 낼 수 있었다.

유아기, 혹은 초등학교 3, 4학년 때의 2~3년 단기 유학

외국어 습득은 연령이 낮을수록 받아들이는 속도가 빠르다. 외고 합격생들 중에는 유다기, 즉 5, 6, 7세 때 2~3년 동안 외국에서 살다가 귀국한 학생들이 가장 안정적으로 영어를 습득하는 경우가 많다.

한 예로, K양은 5세부터 7세까지 3년 동안 부모님들과 미국에서 살다가 귀국했다. 3년 동안 영어권 나라에 거주하면서 부모님들은 별로 영어 실력이 향상되는 것 같지 않은

데, K양은 하루가 다르게 영어 실력이 늘어나 귀국할 때는 기본 회화를 능숙하게 구사할 수 있는 정도가 되었다. 온 가족이 영어에 능숙하기 때문에 집에서는 영어를 주로 사용해서 자연스럽게 영어 환경을 조성해 주었다. 그리고 영어 비디오를 매일 보여 주었는데, 1주일에 한 편을 계속 반복 시청하게 했다. 초등학교 3학년 이후부터는 영어 동화책, 단편소설 등을 꾸준히 읽게 했다. 영어 학원은 다니지 않았다. 이렇듯 꾸준히 영어 공부를 한 결과, 6학년쯤 되어서는 말하기 듣기 읽기 쓰기가 어느 정도 틀이 잡혀 있었다.

초등학교 3, 4학년 무렵이 단기 유학을 위해 가장 많이 선택되는 시기이다. 첫 번째는 영어를 잘해야겠다는 목표 의식이 뚜렷하고, 두 번째는 굳이 부모 동반 유학을 가지 않더라도 단독으로 홈스테이가 가능하며, 세 번째로 중학교 진학 이전에 귀국할 수 있으므로 학업에 큰 지장을 주지 않는다는 것이 이 시기를 '적기'로 꼽는 이유들이다.

보다 구체적으로 언급하면 초등학교 3학년 겨울방학 때, 혹은 4학년 여름방학 때 유학을 떠나 이듬해 1월이나 9월 학기에 현지 학교에 입학하고, 6학년 여름방학 때 귀국한다. 만 2년~2년 6개월간 유학을 갔다 오는 셈이다. 그리고 6학년 2학기를 적응 기간으로 삼고 중학교로 진학하면 큰 무리가 없다.

6학년 겨울방학 때 문법 정리

초등학교 때는 주로 말하기 듣기에 치중하는 편이어서 독해와 작문이 상대적으로 약한 경우가 많다. 영어 동화책이나 단편소설 등을 읽는 정도로는 고급 독해와 작문을 하기 어렵기 때문에 6학년 겨울방학 때는 기본 문법을 한 번쯤 정리해 주는 것이 필요하다.

평소에 영어 공부를 꾸준히 해서 영어 동화책이나 단편, 혹은 장편을 무리 없이 읽는 정도라면, 문법은 한 달 정도만 집중해서 공부하면 어렵지 않게 마스터할 수 있다.

중학교 1학년 학교 결정

2006년 신입생 모집까지는 서울권 외고와 경기도 등 수도권 외고의 시험 일정이 달랐다. 경기도권이 먼저 시험을 본 후에 서울권이 시험을 보았기 때문에 대원외고의 경우 서울 출신의 인재를 용인외대부속외고에 빼앗기는 결과를 낳았다. 따라서 결과적으로 대원외고는 '외대부속외고에서 탈락한 학생들이 대원외고로 몰렸다'는 편견에 시달릴 수밖에 없었다.

2007년부터는 서울과 경기도권 외고의 시험 날짜가 동일해지기 때문에 학교를 정해 놓고 응시해야 한다. 즉 이전에는 외대부속외고와 대원외고의 특별 전형과 일반 전형을 합쳐 총 4회의 응시 기회가 있었다면, 이제는 학교별로 특별

초등학교 때는 주로 말하기 듣기에 치중하는 편이어서 독해와 작문이 상대적으로 약한 경우가 많다. 영어 동화책이나 단편소설 등을 읽는 정도로는 고급 독해와 작문을 하기 어렵기 때문에 6학년 겨울방학 때는 기본 문법을 한 번쯤 정리해 주는 것이 필요하다.

대원외고급의 상위권 외고에 입학하려면 기본적으로 토플은 준비하는 것이 유리하다. 가산점뿐만 아니라 영어 실력을 급속도로 향상시킬 수 있고, 진학 후에도 토플 고득점 학생이 매우 유리하게 학교 수업에 적응하고 앞서 나간다는 점을 감안하면, 현명한 선택이 될 수 있다.

전형과 일반 전형 단 2회의 기회만 주어질 뿐이다. 따라서 자신이 가고 싶은 학교, 갈 수 있는 학교, 가장 유리한 전형 등을 1학년 때부터 검색하는 것이 유리하다.

예를 들어 한영외고는 영어 에세이가 어렵게 출제되므로 일찌감치 난이도를 높여 준비해야 한다, 대원외고는 듣기 속도가 점차 빨라지고 배경 지식을 요하는 문제가 늘어나기 때문에 듣기 연습을 할 때 메모하는 습관이 필요하다는 등의 학교별 특징에 맞춰 준비한다.

기회가 절반으로 줄어든 만큼 실패 확률이 높아졌기 때문에 맞춤 전략이 어느 때보다도 필요하다.

중학교 1학년 토플 준비 시작 → 중학교 2학년 겨울방학 토플 목표 점수 획득

대원외고급의 상위권 외고에 입학하려면 기본적으로 토플은 준비하는 것이 유리하다. 토플 점수가 필요한 특별 전형의 경우는 영어 우수자 전형, 국제화 전형 정도이고, 그 외 학교장 추천 및 학교 성적 우수자 등의 특별 전형을 비롯한 일반 전형에서는 사실 토플 점수가 상관이 없다. 그러나 가산점과는 상관없이 영어 실력을 급속도로 향상시킬 수 있고, 외고 진학 이후 토플 고득점 학생이 매우 유리하게 학교 수업에 적응하고 앞서 나간다는 점을 감안하면, 미리 고생하는 것이 현명한 선택이 될 수 있다.

중1부터 토플 준비를 하고, 중학교 2학년 2학기부터 3학년 1학기까지 2~3번 이상 시험을 치러 되도록 높은 점수(CBT 기준 270~280점 이상)를 받는 것이 유리하다. 좀 더 안정적으로 시험 대비를 하려면 중학교 2학년 말까지 토플 목표 점수를 받아 두는 것이 좋다. 3학년 1학기 내신 반영률이 높고 주요 과목 가중치 점수로 인해 내신 관리에 집중해야 하므로 여기에 토플 부담까지 겹치면 힘들어지기 때문이다.

중학교 3학년 1학기까지 내신 관리 철저히

일반적으로 내신은 중학교 2학년 성적과 3학년 1학기 성적까지 반영된다. 대원외고의 경우 내신의 반영률이 점차 약화되어서 2007년 입시에서는 내신 평균 백분율 1%당 0.33점을 감점할 예정인데, 이는 예년의 0.4점보다 줄어든 수치이다. 즉 과목별 석차 백분율 1%와 10%의 점수 차이는 −3.3점이므로, 10%라고 한다면 1%의 학생에 비해 3.3점이 감점되는 셈이다. 꼭 성적 우수자 전형을 노리지 않는다고 해도 되도록 감점을 당하지 않기 위해서는 주요 과목의 내신 관리를 철저히 해야 한다. 특히 3학년 1학기 성적은 반영률이 50%로 가장 높아(2학년 1학기 20%, 2학기 30%), 전 과목과 더불어 3학년 1학기 국영수사 등 주요 과목은 별도로 가중치 점수 100점이 부과되기 때문에 더욱 신중하게 관리해야 한다.

중3 여름방학부터 영어와 구술 면접에 올인

내신의 부담이 사라져 버리는 중3 여름방학 이후는 외고 준비생들에게는 피와 땀으로 얼룩지는 시기이다. 8월부터 계산하면 입학 시험까지 3개월이 조금 넘는 시간이 남은 시기이기 때문에, 전국의 외고 입시생들은 이때부터 본격 외고 대비에 올인한다.

보통 하루 7시간씩 외고 대비 공부를 하며, 일요일에도 3~5시간 특강을 들을 정도로 매일 학교 공부 외의 시간을 영어와 구술 면접 준비에 매달린다.

중1 문법, 어휘, 독해, 중2 독해와 듣기, 중3 듣기 등 체계적으로 영어 학습이 진행되는데, 하루 300개씩 단어를 외우는 등의 고강도 학습을 하기 때문에 '외고에 반드시 가야겠다'는 단단한 각오가 없으면 버티기 힘들다.

보통 3학년 1학기 때는 외고 대비반이 1,000명 정도로 시작되는데, 1학기가 지나면 600명 정도가 남는다. 9, 10월이 되면 경기권과 서울권 각각 50명 정도가 최종적으로 남는데, 그만큼 힘겹다는 것을 증명하는 수치의 변화이다. 이렇듯 힘겨운 공부를 최소 6개월~1년, 최대 3년을 견뎌야 한다.

특별 전형 & 일반 전형, 맞춤 전략 세우기

_ 토피아 학원 김석환 이사장

특별 전형의 다양한 부문어서 어느 부문이 유리한지, 자격 조건은 갖춰졌는지, 일반 전형은 가능한지, 아무리 입시 요강을 들여다봐도 객관적인 판단이 쉽지 않다. 읽으면 머리로는 이해가 되는데, 과연 우리 아기에게 유리한 전형이 무엇인지를 선뜻 판단하기가 어렵다.

특목고 입시의 경험이 축적된 특목고 전문 학원 관계자들이 가장 필요한 순간이 바로 '아이의 특성을 살려 전형을 제대로 선택하는 때' 임은 외국어고 입시를 경험해 본 사람이라면 대부분 수긍할 것이다. 매년 입시 제도가 조금씩 바뀌고, 또 문서상으로 표기된 원칙 외에 숨겨진 원칙들이 많아서 겉보기로 판단해서는 실수를 할 수도 있다. 그러나 특별 전형의 다양한 전형, 일반 전형을 전형별로 분석, 우리 아이에게 꼭 맞는 맞춤형 전략 계획표를 손에 쥐고 있으면 그만큼 합격률은 높아진다.

〈특별 전형 전략 세우기〉

■ 유학을 갈 만한 경제적 능력 및 본인의 욕구 + 토플 고득

점자 + 뛰어난 영어 에세이 실력 + 구술 면접 실력

→ 국제화 전형

국제화 전형은 '영어 에세이 30점 + 실적 점수 30점 +
영어 듣기 60점 + 구술/면접 30점 = 150점' 으로 평가한
다. 여기서 실적 점수는 토플과 텝스 성적이다. 토플 CBT

국제반을 지원할 때는
영어 실력도 고려해 보
아야 하지만, 그보다 경
제적인 능력도 신중히
점검해 봐야 한다.
여러 가지로 들어가는
돈이 만만치 않기 때문
에 영어 능력 우수자 전
형에 비해 조금은 경쟁
이 수월한 편이다.

로 280점 이상이면 30점 만점을 받는다. 강남권에서는 280
점 이상 학생도 무척 많기 때문에 최소한 28점을 주는 270
점 이상은 되어야 지원해 볼 만하다.

'국제어과는 유학반이다' 라고 누누이 설명을 했지만, 귀
뒤로 듣고 무조건 지원하는 학생들이 간혹 있다고 대원외고
관계자는 말한다. 국제반을 지원할 때는 영어 실력도 고려
해 보아야 하지만, 그보다 경제적인 능력도 신중히 점검해
봐야 한다. 학비도 국내반보다 비싸서 매월 평균 200만 원
이상 소요되며, 여기에 사교육비까지 포함하면 그 이상으로
추가된다. 또 방학 때 해외 봉사 활동, 해외 학습 체험 등이
잦아서 과외로 들어가는 돈이 만만치 않다. 그뿐인가? 유학
을 간다면 매년 5,000만 원가량의 유학 비용을 감당할 수
있을 정도의 경제적 능력을 갖춰야 한다. 이런 이유로 영어
우수자들이 몰리는 영어 능력 우수자 전형에 비해 조금은
경쟁이 수월한 편이다.

국제어과는 총 105명이 정원이고, 특별 전형에서 65명을
선발한다. 해외 명문 대학 진학이 목표인 학생들이라면 지
원해 볼 만하다. 2006년도에도 국제반 전원을 해외 명문 대
학에 합격시킬 정도로 합격률 100%를 자랑하는 커리큘럼
및 학습 과정이 안정적으로 운영되고 있다.

2005년까지는 유학반을 별도로 선발하지 않고 입학 후
신청자에 한해 편성해 운영했는데, 2006년부터는 유학반을

별도의 특별 전형으로 선발하고, 영어과 3개반(105명)을 유학반으로 운영하고 있다.

국제반에서는 정규 교과 과정 외에 미국 대입자격능력시험인 SAT와 사전학점이수제인 AP 등을 교과목 시간에 함께 준비한다. 해외 대학은 서류상 '봉사 활동', '동아리 활동' 등의 항목을 중요시해서, 그 준비 또한 만만치 않다. 외국에서는 한국에서의 중고생 봉사 활동이 '점수 따기식'이라고 알려져 있어 국내 봉사 활동 경력을 인정해 주지 않는 학교들이 있기 때문에 주로 몽골, 타이 등으로 해외 원정 봉사 활동을 다녀오는 학생들이 대브분이다.

국제반의 원칙은 유학을 목표로 하지만, 국내 대학의 국제학부를 목표로 하는 학생들도 있다. 대학의 국제학부는 '국내에서 다니는 해외 명문 대학'이라고 해도 과언이 아닐 정도로 모든 수업이 영어로 진행되며, 해외의 자매 결연 대학과 교환 학생 제도를 운영하는 등 '유학 아닌 유학 프로그램'으로 공부를 할 수 있어 영어 실력이 뛰어난 학생들에게는 도전해 볼 만한 제도로 자리 잡고 있고, 매년 신설 학교들이 증가하고 있다. 국내 대학의 국제학부는 토플 점수와 영어 에세이 등 영어 능력 위주로 평가해 선발하기 때문에 유학 준비를 하다가 국내 대학으로 방향 전환을 하는 것도 가능하다.

'토종 영어'이면서 어릴 때부터 착실하게 영어 공부를 해 왔다면 영어 능력 우수자 전형에 지원해 볼 만하다. 하지만 최우수 영어 실력자들이 몰리는 전형이기 때문에 영어 에세이와 듣기 등의 실력이 아주 뛰어나야 한다.

■ 영어 에세이 + 영어 듣기 + 구술 면접 실력

→ 영어 능력 우수자 전형

영어 능력 우수자 전형은 '영어 에세이 60점 + 영어 듣기 60점 + 구술 면접 30점 = 150점'으로 평가한다.

경시대회 수상자 전형이나 국제화 전형에 해당할 정도면 '토종'의 실력으론 역부족이다. 따라서 '토종 영어'이면서 어릴 때부터 착실하게 영어 공부를 해 왔다면 영어 능력 우수자 전형에 지원해 볼 만하다. 지원 자격에서는 토플 점수가 230점 이상이라고 하지만, 실제로는 280점 이상은 되어야 안전하다. 영어, 수학 모두 뛰어나 대원외고에 가서도 내신 성적에 자신 있는 강남의 최상위권 학생들의 경우, 유학보다는 국내 대학 진학을 원하는 경우가 아직 많이 있다. 이들이 지원하는 전형이고 선발 인원도 20명으로 많지 않아 합격자들의 수준은 유학반인 국제화 전형 못지않으리라 예상된다. 또 최우수 영어 실력자들이 몰리는 전형이기 때문에 영어 에세이와 듣기 등의 실력이 아주 뛰어나야 한다. 더불어 당락의 결정적 요소가 되는 구술 면접 시험 대비도 철저하게 해야 한다.

그러나 앞으로는 '토종 영어' 실력도 점차 뒤로 밀릴 위험이 크다. 조기 유학자가 워낙 급증하고 있고 외국 거주자들이 늘어나서 에세이와 듣기 부문에서 실력이 뛰어난 학생들의 지원이 매년 늘어나고 있기 때문이다.

참고로 2006년에는 50명 모집 정원에 평균 경쟁률이 9:1 이 넘을 만큼 치열했다.

■ IET, IEEC 경시대회 수상자

→ 경시대회 수상자 전형

경시대회 수상자 전형의 모집 인원은 총 15명이다.

경시 전형은 2006년도에 경쟁률이 1.3:1에 불과할 정도로 미미했다. 실제로는 미달에 가깝다고도 볼 수 있는데, 이 부문은 경쟁률보다는 지원 자격 대상자 자체가 이미 탁월한 영어 실력의 소유자임을 인증받은 것이기 때문에 지원 자격의 유무가 더 중요하다.

경시대회 수상자는 특별 전형에서 총 15명을 뽑는데 대상, 금상, 은상, 동상 등 대원외고에서 주최하는 '국제영어대회(IET) 본상 수상자 및 지역별 대상 수상자 중 2006년 본상 및 지역별 대상 수상자'에게 지원 자격이 주어진다. 그러나 2년 연속 본상을 연속 수상할 정도의 학생 수가 그리 많지 않을 것으로 예상되어 가장 합격 가능성이 높은 전형이다. 2006년 모집 당시는 두 해 연속이 아닌 2005년 한 해 수상자면 자격이 되었는데도 모집 정원인 16명에 못 미치는 12~13명 내외인 것으로 알려져 있다. 그래서인지 간혹 '학교장 추천 등 경쟁률이 높은 전형에 지원하지 말고 차라리 경시 전형을 꾸준히 공부허 지원할걸'이라고 뒤늦

경시대회 수상자는 특별 전형에서 총 15명을 뽑는데 대상, 금상, 은상, 동상 등 대원외고에서 주최하는 '국제영어대회(IET) 본상 수상자 및 지역별 대상 수상자 중 2006년 본상 및 지역별 대상 수상자' 에게 지원 자격이 주어진다.

게 후회하는 경우도 있다.

대원외고 1학년인 L군은 자립형 사립고와 경기도권 외고를 거치면서 총 5번의 낙방 경험 후에 대원외고 일반 전형에 합격했다. L군의 어머니는 "2005년도 하반기는 지옥 같은 시기였다. 우수한 영어 성적으로 이렇게 고달프게 낙방을 많이 한 것은 사전 전략을 소홀히 세웠기 때문"이라고 뒤늦은 후회를 하고 있다.

L군은 초등학교 저학년 때 미국에서 2년간 조기 유학을 했다. 어머니가 빡빡한 학습 스케줄을 마련해 현지의 학교 공부 외에도 집에서 영어책 읽기, 문법 공부, 에세이 쓰기 등을 심도 있게 지도했고, 수학과 국어 등의 타 주요 과목도 한국에서와 못지않게 꼼꼼히 챙겼다. 중학교 진학 후 토플 시험을 본 결과 270점대가 나올 만큼 영어 실력이 우수했는데, 그 정도의 실력이라면 차라리 IET나 IEEC 수상을 목표로 매진했다면 더 유리했을 것이다.

단 교육인적자원부가 문제를 삼아 2008년도 입시부터는 경시대회 수상자 전형이 폐지될 가능성이 크다. 2006년 경시대회 수상 실적을 미리 획득해 놓은 학생들을 위해 2007년까지는 유효하다. 그러나 경시대회 전형이 폐지된다 하더라도 IET와 IEEC 수상자들에게 가산점의 형태로 성적이 반영되리라 예상되기 때문에 중1, 2학년쯤에 준비해 볼 필요가 있다.

■ 영어 외의 외국어를 모국어 수준으로 구사한다

→ 외국어 능력 우수자

이 전형은 총 10명을 선발하는데, '외국어 에세이 60점 + 영어 듣기 60점 + 외국어 인터뷰 30점 = 150점 만점' 기준으로 선발한다.

중국어, 일어 등 외국어를 모국어 수준으로 구사하며 영어 실력이 뛰어난 학생이라면 이 전형에 지원할 만하다. 특히 외국어 실력 외에 내신이나 구술 면접 등을 준비하지 않아 다른 전형의 지원 자격이 안 되는 학생들이 주로 이 전형에 지원을 한다. 독일, 프랑스 등 외국에 1~2년 거주한 정도의 외국어 실력으로는 안 되고, 최소한 5년 이상 거주해 해당 국가의 언어 외에 문화 등도 어느 정도 체득이 된 상태에서 자연스럽게 의사소통을 할 수 있고 글쓰기도 자유자재로 가능한 정도의 수준이어야 안정적으로 합격할 수 있다.

평균 경쟁률은 3~4:1이다.

중국어, 일어 등 외국어를 모국어 수준으로 구사하며 영어 실력에 뛰어난 학생이라면 이 전형에 지원할 만하다. 특히 외국어 실력 외에 내신이나 구술 면접 등을 준비하지 않아 다른 전형의 지원 자격이 안 되는 학생들이 주로 이 전형에 지원을 한다.

■ 학교장 추천 가능 + 영어 듣기와 구술 면접 실력

→ 학교장 추천

중학교 3학년 때 총학생회장과 부회장(학교당 4명 이내), 전국 규모의 선행상, 봉사상, 효행상 수상자, 학교장 추천 모범 청소년, 소년 소녀 가장 등이 대상이며, 추가로 한 학교당 2명까지 학교장 추천을 받을 수 있다.

내신이 적용되지 않기 때문에 일단 우수 학생들이 많이 몰려 내신에서 불리한 강남권 학생들에게 유리한 전형이다. 영어 실력과 구술 면접 준비가 비교적 탄탄한 강남권 학생들의 합격률이 높다.

학교장 직권으로 추천하는 학생은 학교마다 기준이 다소 다르다. 학교 성적순으로 추천하기도 하고, 학교 내, 또는 지역 모범상 수상자를 추천하는 경우도 있다. 대원외고 지망생이 많은 강남권 학생들은 학교장 추천을 받기가 힘들고 추천 결정도 시험에 임박해서야 가능하기 때문에 총학생회 회장, 부회장 등 확실한 자격이 되지 않으면 기대하기 힘들다.

내신이 적용되지 않기 때문에 일단 우수 학생들이 많이 몰려 내신에서 불리한 강남권 학생들에게 유리한 전형이다. 전국에서 수백 명의 지원자가 몰려들지만, 수상 실적(60점) 외에 영어 듣기(60점)와 구술 면접(30점)이 전형 요소이므로 영어 실력과 구술 면접 준비가 비교적 탄탄한 강남권 학생들의 합격률이 높다. 실제로 비강남권 학생들은 성적 우수자로 지원을 많이 하기 때문에 실력 있는 학생들이 실제로 학교장 추천 전형으로 지원할 확률은 그리 높지 않으리라 예상하기 때문에, 내신에 약한 대신 영어 및 구술 면접에 강한 강남권 학생이 학교장 추천 전형에서 유리하다고 판단하는 이유이다.

그러나 자격 조건을 갖추기가 쉽지 않고, 또 학교에 따라 지원자가 너무 많이 몰려 경쟁이 치열한 경우도 있다. 하지만 조건이 되어 추천만 받을 수 있다면 일반 전형을 위한 경험 차원에서라도 지원하는 것이 좋다. 이런 이유로 실력에 관계없이 '지원하고 보자 식'의 허수 지원이 많아 매년 10:1에 가까운 치열한 경쟁률을 보인다.

■ **과목별 석차 백분율 3% 이내의 성적 우수자**

→ **학교 성적 우수자 전형**

'교과 성적이 60점 + 영어 듣기 60점 + 구술 면접 30점 = 150점 만점'을 기준으로 한다.

서류상으로는 '중학교 3학년 1학기 과목별 평균 석차 백분율이 8% 이내'라고 적혀 있지만, 실제로 합격권에 들려면 서울과 수도권 기준으로 3% 이내여야 한다. 지방인 경우 1~1.5%는 되어야 안정적이다.

석차 백분율 1%가 내려갈 때마다 1점이 감점되기 때문에, 상대적으로 내신에서 유리한 비강남권 학생들에게 돌아가는 혜택이 많은 전형이다.

그러나 강남권 학생들도 성적이 아주 떨어지지 않으면 도전해 볼 만하다. 석차 백분율이 6~8% 정도 된다고 해도 타지역 학생들에 비해 영어와 구술 면접에서 강하다는 점을 활용, 고득점을 취득할 수만 있다면 내신에서의 2~3점 감점 정도는 만회할 수 있기 때문이다.

전 과목에 걸쳐 최상위권이며, 전 과목 평균 97점 이상을 받을 정도의 '맡아 놓은 1등'들이 대거 몰린다는 점을 참고하기 바란다.

서류상으로는 '중학교 3학년 1학기 과목별 평균 석차 백분율이 8% 이내'라고 적혀 있지만, 실제로 합격권에 들려면 서울과 수드권 기준으로 3% 이너여야 한다. 지방인 경우 1~1.5%는 되어야 안정적이다.

〈일반 전형 전략 세우기〉

누구나 지원이 가능하다. 특별한 지원 자격 제한이 없기 때문이다. 따라서 문은 넓지만 특별 전형에서 떨어진 영어 및 내신 우수자들이 대거 몰리기 때문에 내신과 더불어 뛰어난 영어 실력, 구술 면접 실력 등 삼박자를 고루 갖춰야 한다.

■ **내신이 별로, 영어와 구술 면접은 자신 있으나 토플 점수가 없다**

→ 내신 불리함 보완 가능

'학교 공부는 별로였는데 대원외고에 갔다!' 라고 평가를 받는 학생들이 간혹 있다. 일반 전형에서는 이러한 역전이 가능하다. 토플, 텝스 등 실적 점수도 필요 없다.

대원외고는 점차 내신 반영률이 낮아져 2007년에는 석차 백분율 1%와 10%의 점수 차이는 3.3점 정도에 불과하다. 영어 듣기가 한 문제당 2점, 구술 면접이 한 문제당 5점임을 감안하면, 내신의 불리함은 듣기와 구술 면접으로 충분히 보완 가능하다고 볼 수 있다.

실제로 강남권 학생 중에 과목별 석차 백분율이 상위 20%가 넘는 수준이었는데, 듣기와 구술 면접에서 만점을 받아 합격한 성공 사례가 있다. 반대로 경기권에서 응시한 학생은 평소 학교 평균이 98점 내외이고 석차 백분율 3% 내에 드는 우수한 성적이었음에도 불구하고, 듣기와 구술 면접에서 점수가 좋지 않아 탈락한 경우도 있다.

강남권 학생의 경우 내신에서 자신이 없다고 쉽게 일반 전형을 포기하고 특별 전형 옆어 능력 우수자 전형이나 국제화 전형만 계획하거나, 외고 입학에 내신은 별로 중요하지 않다는 잘못된 정보를 가지고 내신 성적을 등한시하는 경우가 흔히 있는데, 이는 크거 잘못된 선택이다. 특별 전형 영어 능력 우수자 전형이나 국제화 전형의 선발 인원은 85명 선이지만, 일반 전형에선 무려 245명을 선발한다. 따라서 평소 내신 관리를 철저히 하고 최소한 평균 석차 백분율 20% 이내는 확보해 두어야 한다.

과목별 '평균 석차 백분율'에 대한 정확한 이해

학부모들은 평균 석차 백분율의 의미를 정확히 모르는 경우가 많다. 어떤 학생이 전교 500명인 학교에서 50등을 하면 평균 석차 백분율이 10%라고 생각하는데, 실제로는 그렇지 않다. 평균 석차 백분율이란 것은 과목별 석차 백분율이다. 즉, 수학 점수를 90점 받아 등수가 50등이면 수학 과목의 석차 백분율은 10%이다. 그러나 음악을 92점 받아 수를 받았어도 음악 석차가 200등이면 음악 과목의 석차 백분율은 40%이다. 전 과목 석차 벽분율을 모두 더해서 과목 수로 나눈 것이 평균 석차 백분율이므로 전교 50등인 학생의 석차 백분율은 20%가 넘어갈 수도 있다. 때문에 내신 성적이 상향 평준화되어 있는 강남의 경우 심하면 대원 성적 우수자 전형 자격인 8% 이내의 내신 성적을 가진 학생이 전교에 한 명도 없을 수도 있고, 지방의 경우에는 예체능 등수까지 좋아 부동의 1위를 지키는 내신 0.5% 이내의 학생이 나오기도 한다.

외고 입시에 실패한 아이들, 다 이유가 있다!

_ 페르마 학원 신동엽 원장

특목고 합격률을 높이기 위해서는 '적기 맞춤 교육'이 필요하다.

아무리 학교 성적이 우수하고 영어 실력이 뛰어나다고 해도, 외국어고 입시에 필요한 능력을 갖추지 못했다면 아쉽게도 탈락의 고배를 마실 수밖에 없다.

매년 수백 명의 특목고 합격자를 내지만, 매년 그만큼의 아쉬운 탈락자들도 생긴다. 한순간 판단을 잘못해서 오랫동안 공들여 온 실력이 공염불이 된다면 얼마나 안타깝겠는가. 적어도 '아쉽게' 낙방하는 일은 없기를 바라며 그동안의 실패 사례들을 소개한다.

외국어 실력만 맹신하다가 큰코다친다

외국어고의 3대 축은 '구술 면접―영어―내신'이다. 그 중요도의 비중도 순서대로이다.

외국에 오랜 기간 거주해 영어 실력이 거의 원어민 수준이며 에세이도 훌륭하게 작성할 정도의 실력파들이 정작 외고 입시에서 낙방하는 경우를 심심찮게 본다. 그 이유는 앞서 밝힌 대로 영어 실력보다 '구술 면접'의 중요도와 비중이 크다는 것을 간과했기 때문이다.

영어 능력 우수자 전형
에서는 듣기와 에세이,
구술 면접으로 평가를
하는데, 합격권에 들려
면 듣기는 95% 이상,
에세이는 90% 이상,
구술 면접은 75~80%
일 정도로 구술 면접이
전반적으로 어렵고, 영
어 또한 모두 잘하기 때
문에 구술 면접에서 당
락이 좌우된다고 봐도
무방하다.

경기도 분당에 사는 K군은 캐나다 밴쿠버에서 4년을 살다가 중학교 3학년 1학기 여름방학 전에 귀국했다. 조기 유학 겸 부모와 함께 떠난 것인데, 예정보다 2년 더 머물렀다가 귀국했다고 한다.

현지 학교에서 성적이 우수했고, 영어 실력 또한 매우 탁월했다. 귀국하자마자 한 달 정도 준비해 토플 시험을 봤는데, 293점이 나왔다. 한국을 떠나기 전에는 영재 판별을 받아서 유아기 때부터 영재 교육을 받을 정도로 다방면으로 우수한 학생이었다.

중3 2학기 첫 시험에서는 반에서 13등을 했다. 국어와 사회, 암기 과목에서 어휘력이 떨어져 잘 따라가지를 못했다. 외국에 오래 거주하면서 한국 입시의 정보가 없었던 K군의 부모는 '평소 실력대로 보면 외고 정도는 합격하지 않겠는가'라고 편하게 생각했고, 학교 공부만 열심히 했을 뿐 별다른 준비를 하지 않았다.

내신 반영을 하지 않는 '영어 능력 우수자 전형'에 원서를 냈고 시험을 봤는데, 결과는 낙방이었다. 이어서 일반 전형에도 응시했지만, 역시 낙방이었다.

영어 능력 우수자 전형에서는 듣기와 에세이, 구술 면접으로 평가를 하는데, 합격권에 들려면 듣기는 95% 이상, 에세이는 90% 이상, 구술 면접은 75~80%일 정도로 구술 면접이 전반적으로 어렵고, 영어 또한 모두 잘하기 때문에 구술 면접에서 당락이 좌우된다고 봐도 무방하다.

　K군은 전혀 접해 보지 않았던 구술 면접 시험에서 합격 권보다 한참 뒤떨어진 점수를 받았으며, 결국 뜻을 이루지 못하고 일반 고등학교로 진학해야 했다.

▶ 이렇게 보충하라!

최근 조기 유학을 떠나는 학생들이 매년 급증하고 있다.

　외고 진학을 원한다면 조기 유학의 목표를 '영어 교육'에 만 두어서는 안 된다. 앞서 말했듯이 구술 면접이 절대적인 당락의 요소가 되기 때문에 '영어' 이상으로 집중적인 준비 를 해야 한다.

■ 독서를 많이 한다

국어, 사회, 영어, 창의사고력 등 네 분야로 출제가 되는 구술 면접에서 고득점을 얻으려면 우선 독서를 통해 다방면 의 배경 지식을 쌓아야 한다. 유학을 떠날 때 필독서 정도는 챙겨 가는 것이 좋고, 수시로 인터넷 검색을 통해 한국의 중 학교 과정과 연계된 과목별 책들을 구입해 꾸준히 읽어 두 는 것이 좋다. 구술 면접은 '통합교과형'으로 출제되기 때 문에 필독서의 기준은 '중학교 교과서' 내용 안에서 찾는 것이 바람직하다.

■ 창의사고력 유형의 문제를 꾸준히 접하라

대원외고의 경우 2005년에는 국어 5문제, 영어 3문제, 사고력 1문제, 사회 1문제 등 총 10문항이 출제되었다. 2006년에는 사고력 문제가 4개로 대폭 늘었고, 국어 1문제, 영어 2문제, 사회 1문제 등이 출제되었다.

창의사고력 영역을 흔히 '수학'이라고 알고 있는 경우가 있는데, '수학'과 연관은 있지만 수학의 원리와 사회, 과학 등을 연계시켜 자신의 창의적인 생각을 풀어 나가는 유형의 통합형 문제라고 보는 것이 옳다. 학교에서는 전혀 접해 볼 수 없는 유형의 문제이기 때문에 평소에 기출 문제집 등을 구해 풀어 보면서 준비해야 한다.

요즘엔 각 전문 학원별로 온라인 강의가 잘 갖춰져 있기 때문에 해외에 있을 때도 특목고 대비반의 창의사고력 기출 문제와 예상 문제 등을 풀어 본다면 도움이 될 것이다.

■ 인터넷 검색을 통해 변하는 입시 정보를 꼼꼼히 챙겨라

매년마다 입시 제도가 조금씩 변한다. 창의사고력 문제가 대폭 늘어나기도 하고, 특별 전형, 일반 전형 등 전형별로 모집 인원의 수가 해마다 조금씩 차이가 나기도 한다. 이전까지는 합격자 발표 후 유학반을 편성했는데, 2006년부터는 유학반인 국제어과를 특별 전형에서 따로 선발하는 것도 큰 변화 중 하나이다. 수시로 검색하면서 우리 아이에게 가

장 유리한 전형을 찾아내고 그에 맞춰 준비하는 것이 유리하다.

특목고 대비 기간이 너무 짧았다

강남 Y여중에서 독보적인 1등을 하던 T양이 대표적인 실패 사례이다.

T양은 '맡아 놓고 1등'을 했는데, 과목별 석차 백분율은 거의 1~2% 수준이었다. T양은 자신 있게 특별 전형의 '성적 우수자 전형'에 원서를 접수했다. 그러나 아쉽게도 떨어지고 말았다. 반면, 같은 학교에서 전교 50등 내외의 성적을 유지하던 I양 역시 '성적 우수자 전형'에 원서를 냈는데, 이 학생은 합격을 했다. 왜 이런 결과가 나왔을까?

T양은 영어 듣기 성적이 좋았는데 구술 면접에서는 4개 이상 틀렸다. 그러나 I양은 구술 면접에서 8개 이상을 맞았다. 여기에서 점수 차이가 확 벌어진 것이다. 내신으로만 보면 둘은 천지 차이라고 할 만큼 실력 차가 크지만, 내신 가산점은 듣기나 구술 면접에 비해 훨씬 낮기 때문에 이런 현상이 빚어진 것이다. 즉 구술 면접 30점 만점에 T양은 18점, I양은 24점을 받았고, 내신에서의 점수 차이는 4~5점이었다. 듣기 실력은 거의 엇비슷했다.

T양은 일반 전형에서도 역시 구술 면접 점수가 좋지 않아서 떨어졌다. T양은 외고 대비를 여름방학 때인 8월부터 시

대원외고 듣기와 구술
면접에 익숙해지려면
최소 1년의 여유 기간
을 두고 차분히 자신의
부족한 점을 보완해 가
면서 문제 유형에 익숙
하게 만들어야 한다.

작했다. 3개월 파이널 코스를 다녔는데, 물론 이 코스만 공
부를 해도 합격하는 학생들이 있지만 3개월은 충분한 기간
이 아니다.

▶ 이렇게 보충하라!

대원외고 듣기와 구술 면접에 익숙해지려면 최소한 만 1
년 정도 준비를 하는 것이 좋다. I양은 중학교 2학년 겨울방
학부터 시작해 거의 매일 7시간씩 특목고 대비에 힘을 기울
였으며, 마지막 3개월 동안은 새벽 12시까지 정규 수업, 새
벽 1시까지 보충 수업을 하면서 잠을 4시간 이내로 줄인 채
강행군을 해서 내신의 불리함을 극복할 수 있었다.

따라서 평소 학교 공부에 충실한 학생이라면, 최소 1년의
여유 기간을 두고 차분히 자신의 부족한 점을 보완해 가면
서 문제 유형에 익숙하게 만들어야 한다.

학원 선택의 오류

현재 입시 제도상, 학교에서 외고 대비를 해 줄 수는 없
다. 소수의 우수 학생을 위해 학습 프로그램을 별도로 만들
수가 없기 때문이다. 물론 선생님들도 특목고 진로 지도는
거의 학원에 전임하다시피 한다.

이런 입시 환경에서 외고 지망생들은 대부분 학원에서 대
비 학습을 하고, 학원으로부터 입시 정보를 얻는다. 그런데

요즘 특목고가 '우등생들의 등용문'이 되다 보니, 학원마다 '특목고 대비반'을 설치해 운영하고 있는 실정이다. 그러나 몇몇 학원 외에는 무늬만 '외고 대비반'이고 실제로는 '우등생 선행 학습반'처럼 운영해 진로 지도에 큰 도움을 주지 못하는 경우도 많다. 이런 학원에 지속적으로 다니면서 준비할 경우, 귀한 시간만 낭비하고 제대로 맞춤식 공부를 하지 못해 실패할 확률이 높다.

서울 여의도에 사는 Y군은 학원 선택의 오류 문제로 실패한 사례이다.

외국에서 살다 와 꾸준히 영어 공부를 했기 때문에 영어 실력은 외고에 도전해 볼 만했다. 그러나 문제는 구술 면접이었다. 상대적으로 수학이 약했던 Y군은 수학 전문 학원에 찾아가서 특목고에 가고 싶다는 의향을 전했으며, 학원에서는 '특목고 대비반'을 올해부터 진행하고 있으니까 다니라고 권유했다.

중학교 2학년 여름방학부터 강도 높은 수학 심화 학습을 시작했다. 중3 여름방학 때까지 '10-가'와 '나'를 다 풀고, 수1을 나간다는 목표로 공부를 했다. 그러다가 중3 여름방학이 끝날 무렵에 친구 손에 이끌려 우연히 특목고 전문 학원에 가게 되었고, 테스트를 한 결과 사고력 문제에서 상당히 당황하는 모습을 보였다. 총 20문제 중에서 한두 문제 외에는 손을 대지 못할 정도였다. 영어 실력은 뛰어난 편이

었지만, 외고 대비 영어 듣기 및 구술 면접 유형의 훈련은
되어 있지 않았다. 시험 때까지 남은 기간은 불과 두어 달.
파이널 코스에 등록해 매일 자정이 넘는 시간까지 열심히
했지만 역부족이었다.

매년 외고 시험 한두 달 남겨 놓고 이런 학생들의 상담이
종종 들어온다. 그럴 때면 영리를 목적으로 우수 학생에게
서 기회를 빼앗은 해당 학원들이 야속하게만 느껴진다.

▶ 이렇게 보충하라!

'대형 학원인가? 특목고 실적이 좋은가? 풍부한 합격 경
험이 있는가? 외고 대비 자료들은 풍부한가?' 등 네 가지가
외고 대비 학원 선택 요소들이다.

대형 학원이 유리한 이유는 자체 학원 수강생들의 전형별
선택 경향 등을 분석하면 그해의 각 외고마다의 전형별 예
상 경쟁률 등을 산출할 수 있기 때문이다. 보통 대형 학원들
의 경우 9~10월경이면 자체 분석 결과가 나오며, 이에 맞
춰 맞춤 전략을 짜 주기 때문에 그만큼 성공 확률을 높일 수
있다.

특목고 진학 실적이 좋은 대형 학원은 일단 특목고 진학
노하우를 갖고 있다고 봐도 된다. 특목고 입시 제도에 대해
꾸준히 연구하고, 기출 문제를 분석하고, 예상 문제까지 만
드는 등 '특목고 전문 학원'이라는 타이틀에 어긋나지 않게

끔 물적 양적인 투자를 많이 해 입시 변화 및 대처법 등 믿을 만한 특목고 진로 정보를 얻을 수 있다.

또 유명 학원일수록 합격률을 높이기 위해 외고 대비에 꼭 필요한 유능한 강사진(에세이 전문 강사, 과목별 구술 면접 전문 강사 등)을 다수 확보하고 있다는 점도 전문 학원의 이점이다.

매년 플래카드에 '00명 합격 신화' 등의 문구가 내걸리는데, 다소 과장된 측면들도 없지 않지만 최소한 5년 이상 특목고 합격 실적을 꾸준히 내고 있는 학원이라면 제대로 진로 지도를 받을 수 있으므로 전문 학원을 찾아가 만 1년 이상은 준비하는 것이 유리하다.

대원외고 선배들이 후배들에게 알려 주는
'입시 준비 노하우'

특목고 대비법에서 구술 면접 비법, DAT 시험 대비와 외국어 공부까지,
대원외고 1, 2학년 선배들이 직접 겪으면서 알게 된 학습 전략에 대해 알아본다.

PART 5

대원외고 선배들이 후배들에게 알려 주는 '입시 준비 노하우'

대원외고 1, 2학년 선배들이 직접 후배들에게 전하는 '학습 포인트'를 선별해 보았다.
입시 공부를 직접 체험했기 때문에 경험에서 우러나온 학습 전략이 귀에 쏙쏙 들어올 것이
다. 입학 시험뿐만 아니라 입학 후의 적응 문제까지도 친절하게 짚어 주었다.

유학까지 다녀오고 외고 대비반에서 장시간 공부를 했어도, 본인의 의지가 부족하면 좋은 결과가 나올 수 없다. 무엇보다 자신의 뜻과 의지가 분명해야 특목고 대비 학원에 다니지 않고도 합격할 수 있다는 점을 명심해야 한다.

대원외고는 강남은 물론 대부분의 학생들이 가고 싶어 하는 학교로 손꼽히는 것이 사실이다. 지리적인 여건상 강남권의 학생들이 전교생의 60%를 차지한다고 할 만큼 강남 출신들이 많은 것도 대원외고의 특징 중 하나이다. 워낙 부모들의 지원이 열성적이라서 대원외고를 목표로 초등학교 때부터 준비하는 학생들도 다수이다.

그러나 외국어고등학교인 만큼 자녀의 성향을 무시해서는 안 된다. 과목별 수업 시수를 브면 영어가 학기당 46단

E군은 본인은 외고에 별로 뜻이 없었지만 열성적인 부모의 뜻에 의해 대원외고를 목표로 준비를 시작했던 케이스이다. 그러나 정작 E군은 별 의욕이 없어서 공부를 제대로 하지 않았다. 때문에 특별 전형과 일반 전형에 모두 떨어졌다.

위이고 기타 외국어가 44단위로 한 학기에 외국어만 90단위를 이수해야 한다. 일반 고교의 영어와 외국어가 38~46단위인데 비하면 2배 이상 외국어 공부를 하는 셈이다. 대원외고의 경우 영어 외에 자기 전공 과목과 제2외국어까지 포함, 대부분의 학생들이 3개 외국어를 일정 수준 이상 마스터하도록 학습이 진행되기 때문에, 그만큼 외국어 교육에 치중하는 시간이 많다. 따라서 이과 성향이 강하거나 어문 계열이 취향에 맞지 않는다면 외고 공부에 제대로 적응하기가 힘들다.

E군은 본인은 외고에 별로 뜻이 없었지만 열성적인 부모의 뜻에 의해 대원외고를 목표로 초등학교 4학년 때부터 준비를 시작했던 케이스이다. 영어 실력을 쌓기 위해 4학년 때 캐나다로 2년간 유학을 다녀왔으며, 중학교 1학년 2학기 때 귀국해서 특목고 대비반에 등록, 매일 밤늦게까지 외고 대비 공부를 했다. 이사하는 날에도 차 안에서 공부를 시킬 정도로 부모의 욕구는 컸다. 그러나 정작 E군은 별 의욕이 없어서 공부를 제대로 하지 않았다. 수차례 토플 시험을 본 결과 265점을 땄고, 특별 전형과 일반 전형에 모두 응시했으나 모두 떨어졌다. E군은 친구들에게 '오히려 잘됐다'며 좋아했다고 하는데, 부모는 앓아누워 두문불출 외출도 하지 않는다고 한다.

유학까지 보내고 외고 대비반에서 장시간 공부를 시켰어

도, 이렇듯 본인 의지가 부족하면 밑 빠진 독에 물 붓기 식의 결과가 나올 수밖에 없다. 자신의 뜻과 의지가 분명하면 특목고 대비 학원에 다니지 않고도 한 달 정도 공부해서 합격하는 사례도 있다는 점을 명심해야 한다. 억지로 떠밀려서 입학한 친구들은 입학 후에도 적응에 실패해 성적이 바닥권을 기는 후유증을 낳기도 한다.

합격자 발표 후 겨울방학 3개월을 잘 보내라

대원외고 합격생들은 입학하기 전 3개월 동안 첫 시험인 DAT 시험에 올인하는 경우가 많은데 장기적으로 내다보고 토플이나 수학, 한자 공부에 시간을 투자하는 것이 좋다.

매년 10월 말에 원서 접수를 시작해서 11월 초부터 특별 전형을 시작, 1주일 후 일반 전형과 특례를 끝으로 11월 중순이면 입학 시험과 합격자 발표가 끝난다.

대원외고는 12월부터 이듬해 2월까지 학력성취도검사인 DAT를 3회에 걸쳐 치르는데, 대부분의 예비 신입생들은 이 시험 때문에 골머리를 앓는다. 오랜 기간 준비해서 지옥같이 공부했던 시험에 당당히 합격했으니 실컷 놀고 싶은 것이 당연한데, 이 시험이 12월부터 코앞에 놓여 있어 놀더라도 마음이 편치 않은 것이다.

DAT는 첫 시험이라는 의미 외에 실제로 중요성은 그리 크지 않다. 내신에 반영되지 않고, 반 배치와 장학생 선발 (전교 70등까지) 자료로 활용된다. 여하튼 자신의 실력을 측정하는 시험이기 때문에 신입생들은 겨울방학 3개월 동안 이 시험에 올인하는 경우가 많다. 대부분 학교에서 최상위권이었던 터라 '시험 = 무조건 잘 봐야 하는 것'이라는 인식이 습관화되어 있고, 특유의 승부욕 등이 작용하기 때문에 중요성의 여부를 떠나 시험 준비에 매달리게 된다. 외고 대비 전문 학원에서는 DAT 준비반을 겨울방학 때 별도로 운영하는데, 많은 학생들이 학원에 다니면서 공부를 한다. 그러나 대원외고생들은 이 과정을 거친 결과 대부분 'DAT 준비보다는 부족한 부분을 채우는 것이 더욱 중요하다'라고 조언한다.

대원외고 2학년에 재학 중인 I양의 경험담을 들어 보자.

"중3 겨울방학 3개월 동안 DAT 준비와 사회탐구, 영어, 수학, 언어 등 고1 내신을 위한 선행 학습을 했어요. 시험 끝나고 더 바빴어요. 합격자 발표 후 기쁨을 채 만끽하기도 전에 1주일 내내 학원 공부에 시달려야 했지요. 그런데 지금은 후배가 될 아이들에게 그렇게 하지 말라고 조언해요."

I양은 "3개월 동안 독서 + 수학 심화 + 한자에 주력하라"고 말한다. 독서는 논술형 시대에는 필수인데, 고교 진학

3개월 동안 독서 + 수학 심화 + 한자에 주력하라. 독서는 논술형 시대에는 필수인데, 고교 진학 이후에는 상대적으로 마음껏 독서를 할 시간이 부족하다. 또, 최근 논술에서 한자를 혼용한 지문이나 사자 성어를 활용한 지문들이 다수 출제되는데 한자 실력이 뛰어나면 유리하다.

이후에는 상대적으로 마음껏 독서를 할 시간이 부족하다.

수학 심화는 '10-가'와 '나'를 공부함과 동시에 심화 학습까지 마쳐 두는 것이 좋다고 한다. 특히 I양을 비롯한 많은 학생들이 "수학은 잘할수록 유리하다!"라고 말한다. 그 이유는 무엇일까?

"외고이기 때문에 중학교 때부터 영어 등 문과 공부에 주력하잖아요. 그러니 영어나 국어, 사회 등은 서로들 실력이 비슷비슷한데, 수학에서 실력 차이가 나요. 수학은 단기간에 공부할 수 있는 것도 아니어서 수학만 잘하면 내신에서 일단 튀죠."

이런 이유로 과학고를 준비하다가 대원외고로 진학한 학생의 경우, 일단 내신에서 기선을 제압하는 경우가 있다고 한다.

한자 공부도 신경을 쓸 필요가 있다. 최근 논술에서 한자를 혼용한 지문이나 사자 성어를 활용한 지문들이 다수 출제되는데, 한자 실력이 뛰어나면 일단 유리하다. 또 경시대회 등 어려운 시험 준비를 위해 공부를 할 때 한자 실력이 역시 뒷받침해 주어야 한다.

꼭 필요하지 않다고 해서 토플 준비를 하지 않은 채 합격 시험을 치른 학생의 경우 "겨울방학 때 토플 준비를 해라!"라고 말한다.

"영어 능력 우수자 전형이나 국제어과가 아니면 굳이 토플 점수가 필요하지 않거든요. 그래서 준비를 하지 않았어요. 그리고 진학을 했는데, 지금은 후회를 해요. 대원 신입생의 토플 평균 점수가 260점이 넘는 것으로 아는데, 그렇게 높은 점수를 받는 학생들의 영어 실력은 상당하거든요. 거기서부터 밀리기 시작하는 거죠. 그리고 고등학교 진학 후 할 일들이 많은데, 토플 준비까지 하다 보면 시간이 턱없이 부족해서 제대로 하기가 힘들어요."

2학년생 E양의 경험담이다.

이렇듯 코앞에 닥친 DAT 시험에 올인하기보다는 장기적으로 내다보고 준비하는 기간으로 삼는 것이 중요하다고 다수의 대원외고생들은 말한다.

학교 공부에 충실하고 교과서 내용과 관련된 책을 많이 읽으면서 심층적으로 이해하며 공부한다면, 여기에 신문을 통해 시사 상식까지 쌓아 둔다면 굳이 따로 공부하지 않아도 특목고 대비에 많은 도움을 받을 수 있다.

　　빠르면 중학교 1학년 때부터 외고 대비 공부에 집중하는 학생들이 많다. 시험이 임박해 오면 학교 공부는 뒷전으로 미루고, 학교에서도 외고 대비 공부에만 몰두하는 학생들이 종종 있다.

　　"수업 시간에도 버젓이 학원 교재를 꺼내 놓고 공부하는 친구들이 있어요. 시험의 중요성을 알고, 또 그런 학생들이 우등생들이니까 선생님들도 묵인을 하죠. 그런 학생을 보면 '저렇게까지 외고 대비 공부를 해서 무엇 하나?' 라는 생각이 들어요. 그건 학교에 대한, 혹은 스승에 대한 예의가 아니잖아요."

이렇게 말하는 W군은 시험 하루 전날에도 학교 수업 시간에는 별도로 공부를 하지 않았다고 말한다. 태도도 문제지만, 실제로 합격 당락에 중요한 잣대가 된다는 구술 면접이 학원 공부를 통해 이루어지는 것만은 아닌 것도 학교 수업에 충실해야 하는 이유라고 W군은 덧붙인다.

"전 특목고 대비 학원에 한 번도 다니지 않았는데도 10문제 중 7문제를 맞혔어요. 시험을 본 후 분석해 보면, 학교 교과서 영역에서 출제되는 문제가 많다는 것을 알 수 있어요. 예를 들어 '원근법' 관련 문제는 중학교 때 미술 이론 수업 시간에 배웠던 것이고, 지도 3개를 보여 주면서 편서풍 관련 질문을 했던 문제는 지리와 지구과학의 지식을 통합한 것인데, 역시 사회 시간에 충실히 공부하면 답이 나올 수 있는 정도의 문제라고 봐요."

즉 중학교 3년 동안 학교 공부에 충실하고 교과서 내용과 관련된 책을 많이 읽으면서 심층적으로 이해하는 공부를 한다면, 여기에 신문을 통해 시사 상식을 쌓아 둔다면 굳이 학원에 의존할 필요가 없다는 것이다.

입학 전 3개월 파이널 코스에 다녔다는 중국어반 1학년 B양은 "우리가 알고 있는 지식인데 학교 시험 문제와는 다른 유형으로 출제되니까 어렵게 느껴지는 것 같아요. 영어 듣기 역시 마찬가지예요. 알고 있는 지식을 평가하는 새로운 방법에 익숙해지기 위해 기출 문제집은 반드시 풀어 봐야 하고, 보다 안정적으로 대비를 하려면 외고 대비 전문 학원에 다니면서 최소한 3개월 정도 파이널 코스를 듣는 것이 유리하지요"라고 말한다.

구술 면접을 잘하려면 평소에 토론 논술형 학습을 하는 것이 효과적

평소에 독서를 하면서 그 책을 분석하고, 비판하고, 자신의 생각을 정리해 내는 등 토론 논술 지도를 받으며 꾸준히 노력하면 구술 면접에 많은 도움을 받을 수 있다.

대원외고 시험에서 비중이 높아 변별의 기준으로 삼는 시험이 구술 면접이다. 대원외고에 지망할 정도면 영어 실력은 어느 정도 갖춰져 있기 때문에 변별력이 떨어진다. 또 영어 듣기를 한두 개 더 맞았다고 해서 우수한 학생이라고 평가하기에는 무리가 있으므로 학교에서도 학생의 종합적인 능력을 판단하는 구술 면접에 비중을 두는 듯하다.

총 10문제가 출제되는 구술 면접 문제는 국어, 사회, 시사, 역사, 영어, 수학 등의 실력을 종합적으로 평가하며, 창의력과 사고력을 갖춰야 풀 수가 있는 문제들이다(7개 이상이 합격선으로 알려져 있다).

해마다 영역별 출제 문항 수의 차이가 있으므로 어느 영역만 딱 집어서 치중하라고 말할 수는 없다. 2005년도에는 특별 전형 구술 면접의 경우 국어가 5문항, 영어가 3문항, 사고력 1문항, 사회가 1문항 출제되었는데, 2006년에는 국어가 1문항, 영어가 2문항, 사고력이 4문항, 사회가 3문항 출제되는 등 해마다 출제 문항 수가 바뀐다. 따라서 이런저런 변수를 생각해서 특정 영역에 치중하기보다는 전 영역에 대한 준비를 충실히 하는 것이 중요하다.

국제어과 1학년 T양은 "평소에 학교 공부에 충실하고 다방면에 걸쳐 독서를 많이 했기 때문에 대부분의 문제들이 그렇게 어렵게 느껴지진 않았어요. 그런데 수학 관련 창의 사고력 문제는 잘 못 풀겠더라고요. 일부 영어 지문으로 출제가 되기도 하는데, 아무리 학교 수학을 잘해도 창의사고력 문제 유형을 평소에 접해 보지 않으면 손대기가 어려워요"라고 말한다.

덧붙여 학교 공부와 독서 외에 초등학교 때부터 중학교 때까지 꾸준히 토론 논술 그룹 지도를 받은 것이 구술 면접에 큰 도움이 되었다고 한다.

"구술 면접이 통합논술형이기 때문에 평소에 독서를 하면서 그 책을 분석하고, 비판하고, 자신의 생각을 정리해 내는 등의 훈련이 필요해요. 저의 경우 중학교 내내 토론 논술 지도를 받았는데, 그 과정에서 읽었던 책, 비판적인 사고력, 지문 독해력 등이 알게 모르게 향상되었고, 그래서인지 구술 면접이 낯설게 느껴지지 않더라고요."

최근 5년간(2001~2005)의 기출 문제집은 대원외고 정문 앞에 있는 서점이나 특정 몇몇 서점에서만 판매되고 있는데, 이러한 기출 문제집을 보면 미리 출제 문제 유형을 파악할 수 있기 때문에 공부 방향을 잡는 데 도움이 된다.

사전에 기출 문제를 풀어 보는 것도 합격에 많은 도움이 된다.

대원외고의 최근 5년간(2001~2005) 기출 문제집을 구해서 볼 수 있는데, 인터넷 서점이나 일반 대형 서점에서도 구입이 가능하다. 그러나 의외로 기출 문제집이 시중에서 판매된다는 사실을 모르는 학부모들이 많다.

"특별 전형 시험이 끝난 후에 학교 정문을 빠져나오는데, 기출 문제집 판매대가 보이더라고요. 그때 기출 문제

집이 있다는 것을 알았어요. 일반 전형을 또 봐야 할 수도 있을 것 같아 그 자리에서 책을 구입했어요. 미리 알았더라면……."

중국어과 1학년 O군의 말이다.

2005년까지의 5년치 기출 문제에 올해 기출 문제까지 합해 6년치의 기출 문제를 훑어보면 대원외고식 문제 유형에 익숙해지기 때문에 여러모로 유리하다. 특히 대원외고를 목표로 공부하는 중학생들은 맞고 틀리고를 떠나 '이런 문제가 나오는구나' 라고 미리 파악하고 스스로 문제를 풀어 보면 공부 방향을 잡는 데 도움이 된다.

대원외고 기출 문제집 발행처는 (주)한외평으로 가격은 18,000원이다.

자신의 '개념 노트'를 만들어 놓는 것이 좋다. 평소에 신문이나 뉴스를 보면서 이슈가 되는
사회 이론 및 사회 관련 용어의 풀이와 함께 자신의 생각까지 덧붙여 기록해 둔다면, 영어
듣기 및 구술 면접 전체의 시험에서 적지 않은 도우미 역할을 할 것이다.

대원외고 시험 문제는 듣기평가와 구술 면접 모두 '통합
형 문제' 유형이 대부분이다.

2006년도 문제에서 특별 전형 듣기평가에서는 복잡한 계
산을 요구하는 문제나 한자 성어를 묻는 문제들이 출제되었
다. 구술 면접에서는 유비쿼터스, 님비, 핌피 등의 사회와
관련된 상식의 개념 이해를 묻는 문제가 3문항이나 출제되
었다. 영어 특기자 전형 영어 에세이의 주제는 ''세계로 뻗
어 가는 한국인이 된다'를 실천하기 위한 방법에 대한 자신

의 생각은?' 이었다.

또 일반 전형에서는 영어 듣기에서 김유신 관련 지문을 제시하고 글의 종류와 인물 관련 지식을 묻는 문제, APEC 등 시사 관련 문제, 설상가상 등 사자성어 관련 문제 등이 출제되었다. 구술 면접에서는 수리 문제를 영어 지문으로 제시하거나, '일제 강점기 의병, 계몽 활동 등에 관한 4가지 사례 제시 후 연관된 역사적 사실을 묻는 문제, 3개의 그래프를 제시하고 그에 대한 정토를 바르게 이해한 학생을 찾는 문제' 등이 출제되었다.

영어 듣기나 구술 면접 모두 영어 실력과 더불어 다양한 배경 지식이 바탕이 되어야 풀 수 있는 문제들임을 어렵지 않게 짐작할 수 있다.

실제로 평소에 '책벌레'라고 불리는 학생들이 구술 면접 시험에서는 강하다. 반면 학교 성적은 최상위권이지만 학교 공부의 범위에서만 공부했던 학생들은 듣기 및 구술 면접에서 취약하다.

만약 자신이 시사 문제 등 배경 지식에 약하다고 생각되면 긴급 처방을 써 보자.

독어과 1학년 D군은 "평소에 다니던 특목고 대비 학원에서 구술 면접에 도움이 될 거라면서 시험을 며칠 앞두고 사회 개념 노트를 주었어요. 사회, 경제, 정치 등의 특정 용어 및 이론 등을 요약 정리해 놓은 노트였는데, 시험 보기 전에 꼼꼼하게 읽고 갔어요. 유비쿼터스, 님비, 핌피 등 구술 면접 시험에 출제되었던 관련 용어 및 개념들이 그 노트에 적혀 있었기 때문에 도움이 많이 되었지요"라고 경험담을 말한다.

이건 그야말로 긴급 처방이고, 시간 여유를 두고 준비한다면 자신의 '개념 노트'를 만들어 놓는 것이 좋다. 평소에 신문이나 뉴스를 보면서 이슈가 되는 사회 이론 및 사회 관련 용어의 풀이와 함께 자신의 생각까지 덧붙여 기록해 둔다면, 영어 듣기 및 구술 면접 전체의 시험에서 적지 않은 도우미 역할을 할 것이다.

최근엔 논·구술 대비 시사 이슈 통합 분석 학습지 종류까지 시중에서 판매되는데, 이런 교재를 활용해도 좋다. 시기별로 토픽이 되는 주제의 신문 기사 및 사설과 칼럼 등을 여러 신문에서 골라 게재한 뒤 분석하고 자신의 생각을 써 보는 식으로 구성이 되어 있어서, 외고 대비용 교재로 추천할 만하다.

일 찌감치 영어 외에 외국어 하나를 더 시작해라!

대원외고는 졸업할 때까지 3개 외국어를 구사할 수 있는 실력을 갖추게 하는 것이 기본 방침이다. 기본이 되어야 할 영어와 전공어뿐 아니라 시간적 여유가 있을 때 다른 외국어 하나를 더 공부해 둔다면 많은 도움이 될 것이다.

대원외고는 졸업할 때까지 3개 외국어를 구사할 수 있는 실력을 갖추게 하는 것이 기본 방침이다. 전문 교과 편성표를 보면 학기당 자신의 전공어(54단위) 외에 제1외국어(32단위), 제2외국어(4단위)를 이수하도록 되어 있다. 예를 들어 독어과 학생은 자신의 전공어인 독어와 영어는 기본으로 일정 수준 이상 공부하고, 2학년부터 제2외국어인 일본어까지 공부하면 총 3개 국어를 마스터하는 셈이다.

입학 시험에서는 외국어 능력 우수자 전형 외에는 모두

영어 에세이와 듣기로 실력을 평가하기 때문에, 영어 학습에만 올인을 하는 경우가 대부분이다. 물론 입학하고 난 후 자신의 전공과목에 대한 공부를 열심히 하면 일정 수준 이상까지 실력이 향상될 수는 있지만, 미리 영어 외의 외국어를 공부하고 진학하면 그만큼 여러 면에서 유리하다는 것이 대원외고생들의 일반적인 견해이다.

중국어과 1학년인 M군은 "여러 가지 장래성을 보고 희망 학과로 중국어를 선택했어요. 진학하고 보니 중국에 유학을 다녀오거나 살다 온 아이들이 전공어 시간을 리드하더군요. 평소 영어 외에 외국어 하나를 더 공부해 놓으면 외고 진학 후 편하겠구나, 라는 생각을 굴뚝같이 하고 있어요"라고 말한다.

불어과 2학년인 C양은 "프랑스에서 살다 온 친구들이 있는데, 그 친구들은 원어민 선생님과 대화를 자유롭게 해요. 시험 때는 기출 문제를 만들어서 돌리는 등 전공어 부문에서는 뛰어난 실력을 발휘하지요"라고 말하며, 역시 진학 전에 자신이 흥미 있어 하는 외국어 하나쯤은 더 공부해 두는 것이 좋다고 조언한다.

이런 필요성에 의해 M군은 외고에 가고 싶다는 동생에게 일본어 공부를 하라고 조언, 현재 일본어 초급반에 다니고 있다.

특히 학교에서는 학생들을 수시로 외국어능력검정시험

에 참가시킨다. 외국어에서 일정 등급을 획득하면 서울대 수시 지원의 자격이 부여되는데, 자신의 전공어 부문에서는 대부분 정해진 등급 이상의 자격증을 취득하고 졸업한다. 즉 영어는 토플과 토익, 텝스. 독어는 ZD 3등급, ZMP 4등급 이상, 불어는 DELF 1단계 합격 이상, 스페인어는 DELE 초급 이상, 중국어는 HSK 8급 이상 등이 기준이다. 2학년 때 자격증을 취득하는 학생들이 많은데, 3학년까지 넘어가는 경우도 있다.

불어과 2학년 A양은 "토플 시험도 봐야 하고, 한자 공부도 해야 하고, 여기에 전공어 자격증 시험까지 봐야 해서 너무나 바쁘고 시간이 없어요. '평소에 영어 외에 외국어 공부를 해 둘걸' 하면서 후회를 하지요. 최소한 입학 시험 후 12~2월까지 겨울방학 3개월 동안 자신이 선택한 외국어를 공부하고 입학하면 큰 도움이 돼요. 시간을 되돌릴 수 있다면 전공어 실력을 탄탄하게 키워서 진학하겠어요"라고 말한다.

외국어에서 일정 등급을 획득하면 서울대 수시 지원의 자격이 부여되는데, 자신의 전공어 부문에서는 대부분 정해진 등급 이상의 자격증을 취득하고 졸업한다.

입시 가이드에는 없다!
대원외고 합격 '숨겨진 지름길'을 찾아라!

해외에 오래 거주할수록 외고 입시에 유리할까?
대원외고에 안정적으로 합격할 수 있는 영어 실력은 과연 어느 정도일까?
속으로 감춰진 '진짜 입시 지름길'에 대해 알아본다.

PART 6

입시 가이드에는 없다! 대원외고 합격 '숨겨진 지름길'을 찾아라!

대학 입시에 반영되는 점수에 '외형적 반영 점수'와 '실질적 반영 점수'라는 것이 있다. 즉 겉으로는 40% 반영한다고 명시하지만, 실제로는 2~3% 반영이 된다는 의미이다. 외고 입시도 마찬가지이다. 겉으로 내건 '입시 지름길'과 속으로 감춰진 '진짜 입시 지름길'은 다를 수 있다.

해외 거주 기간이 3년 이상이면 오히려 불리하다

구술 면접은 대입의 통합교과형 논술의 축소판이라고 할 수 있을 정도로 복합적인 사고력과 심층적인 배경 지식, 창의력 등을 요구하는 문제가 출제된다. 따라서 영어 실력만 믿고 우리말 어휘력 및 독해력이 상당 수준에 이르지 않으면 합격권에 이르기 어렵다.

해외에 오래 거주할수록 외고 입시에 유리할까?

그렇지 않다. 외고 입시의 전형 요건에서 중요도의 순서는 '구술 면접─영어 듣기─내신'의 순이기 때문이다.

구술 면접은 국어, 영어, 사고력, 사회 등 총 4개 영역으로 나뉘는데, 총 문항 수가 10개이고 문항당 점수는 일반 전형의 경우 5점으로, 총점 50점이다. 즉 일반 전형 기준으로 내신이 450점, 영어 듣기는 100점, 구술 면접이 50점으로 총 600점인데, 내신은 과목별 석차 백분율 1%당 점수 차이가 0.33점(2006년까지는 0.4)에 불과해 4% 정도 차이가 난다고 해도 약 1.3점이 감점될 뿐이다. 그러나 구술 면접 시험에서는 한 문제만 틀려도 5점이 감점되기 때문에 점수 손실이 매우 크다. 즉 내신 점수 차이는 미미하고, 영어 듣기는 응시자 대부분 만점 수준으로 우수하기 때문에 구술 면접에서 최종 당락이 결정된다고 해도 과언이 아니다.

합격생 기준으로 점수를 산출해 보면, 영어 듣기는 45개 문항 중 41개 이상, 구술 면접은 10개 문항 중 7개 이상은 맞아야 한다. 특별 전형의 경우, 영어 듣기 평균이 60점 만점에 53.1점, 구술 면접은 30점 만점에 20.1점이었고, 일반 전형도 이와 비슷한 수치이다. 즉 듣기보다는 구술 면접에서 점수 차이가 많이 나는데, 바꿔 말하면 구술 면접에서 당락이 결정된다고도 볼 수 있다.

구술 면접은 대입의 통합교과형 논술의 축소판이라고 할 수 있을 정도로 복합적인 사고력과 심층적인 배경 지식, 창의력 등을 요구하는 문제가 출제된다. 따라서 우리말 어휘력 및 독해력이 상당 수준에 이르지 않으면 합격권에 이르기 어렵다.

한 예를 들어 보자.

T양은 초등학교 4학년 때 부모님을 따라 미국으로 떠나서 중학교 2학년 1학기 때 귀국했다. 2학기 때 토플 시험을 치러 289점을 획득할 정도로 영어 실력이 단연 뛰어났다.

말하기와 듣기, 쓰기, 읽기 등 전 영역에서 영어는 합격권 이상의 실력을 갖췄다. 그러나 문제는 구술 면접이었다. 영어권 나라에 5년 이상 거주하다 보니 국어와 사회, 수학 등의 개념 정리가 체계적으로 되어 있지 않고, 어휘력과 독해력이 턱없이 떨어져서 구술 면접 준비가 매우 어려웠다. 그래도 뛰어난 영어 실력만 믿고 끝까지 최선을 다해 준비를 했지만, 구술 면접 시험을 못 봐서 우수한 영어 실력에도 불구하고 낙방했다.

간혹 특별 전형에서는 '영어만 잘하면 된다!'고 잘못 알고 있는 학부모나 학생들이 많다. 영어 에세이나 듣기 등, 영어 실력 평가 부문에서는 실력이 거의 비슷할 정도의 영어 우수자들이 몰리기 때문에 변별력이 거의 없다는 점, 따라서 구술 면접이 당락을 결정할 정도로 비중이 높다는 점을 반드시 염두에 두어야 한다.

참고로 외국 거주 기간은 3년 이내가 '영어도 잡고 구술 면접도 잡는 전략'을 짜기에 가장 유리하다.

대원외고에 안정적으로 합격할 수 있는 영어 실력의 정도를 초등학교 6학년, 중학교 1학년, 중학교 2학년으로 나누어 기준점을 제시해 본다.

대원외고에 안정적으로 합격할 정도의 영어 실력은 과연 어느 정도여야 할까?

'영어 실력이 우수해야 한다', '토플 점수 280점대'의 기준으로는 구체적으로 와 닿지 않는다.

학년별로 기준점을 제시하면 다음과 같다.

■ **초등학교 6학년**
-《성문 기초영어》정도의 문법을 한 번 정도 훑어보았다.

-중학교 3학년 교과서는 별 어려움 없이 독해가 가능하다.
-〈마지막 잎새〉, 〈크리스마스 선물〉 등 단편소설을 원서
  로 읽고 해석할 수 있다.
-중학교 2학년 교과서 수준의 듣기는 Dictation(받아쓰
  기)가 가능하다.
-일상적인 회화는 의사소통이 가능할 정도이다(자기 소개와
  공항 및 슈퍼 등 특정 공간에서 발생하는 상황 대처가 가능).

■ 중학교 1학년

학교 영어 시험이 아주 쉽게 느껴진다. 따라서 시험 보기
전 문제지 한 권을 풀고 교과서를 훑어보는 정도면 시험 대
비가 끝난다. 물론 학교 영어 시험은 듣기평가와 수행평가,
지필 시험 모두 100점을 받는다.

■ 중학교 2학년

수학능력시험의 듣기평가는 만점을 받는다(외고 듣기평가
의 수준은 수능보다 어렵다는 것이 일반적인 평가이다. 실례로
상위권의 고3 학생을 대상으로 외고 듣기평가를 한 결과, 평균 80
점을 넘지 못했다).

토플은 말하가―읽가―쓰가―듣기 등 전 영역에서 자신의 영어 실력을 효과적으로 상승시킬 수 있다. 또 대학 입학에서도 학교에 따라 중요한 참고 자료가 되거나 가산점을 주는 등 각종 특혜가 주어지기 때문에 입학 시 필요성 유무를 떠나 준비해 두는 것이 좋다.

대원외고 입시 요강을 훑어보면 토플 점수가 필요한 전형은 두 개에 불과하다. 특별 전형의 국제어 전형과 영어 능력 우수자 전형에서만 일정 정도의 토플 점수를 지원 자격으로 제한하고 있다.

2006년 대원외고 신입생 중에서 토플 만점자가 4~5명에 이를 정도로 우수한 학생들이 많이 몰렸음을 감안하면, 서류상의 토플 자격 점수(국제화 전형은 CBT 260점, 영어 능력 우수자 전형은 230점)에 비해 실제 지원하는 학생들의 평균 점수는 월등히 높다. 보통 270점 선은 되어야 부끄럽지 않게 서류를 제출할 수 있을 정도이다.

외고 대비반에서는 중학교 2학년 2학기부터 3학년 1학기에 걸쳐 토플 시험을 2회 이상 치르게 하는데, 꼭 토플 점수가 필요해서만은 아니다.

일단 토플을 공부하면 말하기―읽기―쓰기―듣기 등의 전 영역에서 자신의 영어 실력을 효과적으로 상승시킬 수 있다. 토플을 공부하지 않고 학교 교과 수준이나 선행 학습 정도의 공부만으로는 토플 실력을 따라잡을 수 없다.

일단 특별 전형이든 일반 전형이든 우수한 영어 실력이 기본이기 때문에 토플로 실력 다지기를 해 두는 것이 유리하다. 또한 2007년 신입생 전형부터 대원외고는 특별 전형 국제어과의 국제화 전형의 지원 자격인 토플과 텝스 점수에 따른 가산점을 부여할 예정인 만큼 고득점자에게 유리하다.

외고 입학 후에도 영어 과목의 점수 따기에서 토플 경험자와 무경험자의 실력 차이가 드러난다.

토플 점수는 대학 입학에서도 학교에 따라 중요한 참고 자료가 되거나 가산점 등 각종 특혜가 주어진다. 대학 입학 후 졸업할 때의 자격 요건으로 활용되는 학교도 있다. 토플 유효 기간이 2년이므로, 중학교 2, 3학년 때 점수를 획득해 두고 고등학교 2학년 때 다시 시험을 보면 대학 입시까지는 무난하게 흘러갈 수 있다.

토플에 신경을 쓰지 않다가 뒤늦게 필요성을 깨닫고 합격자 발표 후 입학 전까지 겨울방학 3개월 동안 집중적으로 토플을 준비하는 학생들도 있다.

'고등학교 진학 후에 토플을 준비한다'고 생각하고 준비 없이 진학한 학생 대부분은 크게 후회한다. 고등학교에 입학하면 적응하느라 바쁘기 때문에 토플에 매달릴 시간이 상대적으로 부족하기 때문이다. 2학년 때 처음 토플을 공부하는 학생은 점수 따기도 힘들뿐더러 빠듯한 시간에 토플에 매달려야 하기 때문에 뒤늦은 후회를 하는 경우가 많다.

결론적으로 '되도록 입학 시 필요성 유무를 떠나 토플은 준비하라'는 것이 정답이다.

외고 입시는 정보 전쟁! 첨단 정보를 입수하라!

외국어고 입시 역시 대학 입시 제도와 마찬가지로 매년 다르기 때문에 늘 관심을 갖고 지켜봐야 한다. 수시로 대원외고 홈페이지에 접속해서 변경안을 충분히 검토하면서 대비해야 실수를 줄일 수 있다.

대학 입시 제도가 수시로 바뀐다고들 하는데, 외국어고 입시 역시 마찬가지이다. 매년 다르기 때문에 늘 관심을 갖고 지켜봐야 한다. 처음에 입시 요강을 보면 석차 백분율, 성적 가중치 등 무슨 말인지도 잘 모르겠고 머리만 아프다. 수차례 반복해서 읽고 설명을 들으면서 공부를 하면 그 이면까지 눈에 훤히 보이고, 더 열심히 하면 타 학교와의 비교 분석도 가능하다. 우리 아이 기준에 맞춰 올해는 대원외고에 유리하지만, 이듬해는 한영외고가 유리할 수도 있다. 실례로 의대 입학이 목표라면, 이과반 신설을 공약한 외고에 등록하는 것이 유리할 것이다. 실제로 이런 이유로 의대 지망생인 인재들이 H외고로 다수 빠져나갔다는 뒷이야기도 들린다.

학부모 Y씨는 "특목고 대비 설명회장에 가면 중학생 학부모보다는 초등학생 학부모가 더 많아요. 심지어 자녀가 유아인 학부모들도 있었어요. 나는 시험을 코앞에 두고 설명회장을 찾아다닌 셈이니 늦어도 한참 늦었다고 봐야죠. 학교와 학원 설명회 합해서 10회 이상 다녔는데, 다닐 때마다 입시 요강 및 입시 전략 짜는 법이 선명해지더군요"라고 말한다. Y씨는 정보력에서 뒤떨어졌을 때의 낭패감을 실제로 겪은 사례일 것이다.

"우리 아이가 외국 거주 경험이 3년이어서 영어 실력은 뛰어났어요. 다양한 특별 전형 중에 학교장 추천을 선택했는데, 경쟁률이 거의 10:1에 가까울 정도로 치열했지요. 특별 전형에서 떨어지고, 일반 전형에서 합격했어요. 좀 더 일찍 정확한 정보를 얻었다면 아예 IET를 준비시켜 영어 경시대회 수상자 전형으로 도전해 보는 것이 낫지 않았을까 생각해요. 경쟁률이 2:1이 채 안 될 정도로 해당 학생 수가 많지 않거든요."

합격을 했으니 여한은 없지만, 그래도 정보 부족으로 괜히 아이에게 마음고생만 시키지 않았나 후회가 된다고 말한다.

　한 가지 주의할 점은 학원 등 사교육 기관의 입시 설명회는 절반만 믿으라는 것이다. 그들은 학원에서 공부를 하지 않으면 합격이 어렵다는 등의 압력성 발언을 한다. 그러면 원칙이 없는 부모들은 이내 학원에 등록을 시켜야 한다는 강박증에 시달리게 되는데, 이러한 영리 목적의 발언에 흔들려서는 안 된다. 학원 설명회에 가기 전에 해당 학교 홈페이지나 책자 등을 통해 충분히 검토한 후, 설명회장에서는 변경되는 입시 제도에 맞춘 준비 사항 등 필요한 부분만 취하는 것이 현명하다.

　2007년도 입시 제도도 일부 변경되는 항목(내신 반영 비율의 축소, 학교장 추천자가 50명에서 30명으로 축소, 영어 능력 우수자가 50명에서 20명으로 축소, 특별 전형은 420명 정원 중 169명에서 175명으로 확대되고, 상대적으로 일반 전형은 251명에서 245명으로 축소되는데 매년 특별 전형이 확대되는 추세)이 있는 만큼 수시로 대원외고 홈페이지에 접속해서 변경안을 충분히 검토하면서 대비해야 실수를 줄일 수 있다.

외국어고 입시 대비를 위한 전략 과목은 크게 영어 듣기, 구술 면접, 에세이 등으로 나눌 수 있다. 듣기와 구술 면접은 특별 전형과 일반 전형 공통이고, 에세이는 특별 전형의 영어 능력 우수자 관련 전형에 꼭 필요한 영역이다. 외국어고 입시는 그 나름대로의 문제 유형이나 특성이 있기 때문에, 그에 맞게 공부하면 더욱 효율적이다.

외국어고 입시 대비를 위한 전략 과목은 크게 영어 듣기, 구술 면접, 에세이 등으로 나눌 수 있다. 듣기와 구술 면접은 특별 전형과 일반 전형 공통이고, 에세이는 특별 전형의 영어 능력 우수자 관련 전형에 꼭 필요한 영역이다. 외국어고 입시는 그 나름대로의 문제 유형이나 특성이 있기 때문에, 그에 맞게 공부하면 더욱 효율적이다.

구술 면접

▶ 언어영역

2006년도 외고 입시 구술 면접에서 언어에 관련된 문제는 30~40% 정도 출제되었다. 중학 국어 교과 원리를 바탕으로 언어논리력, 어휘력, 독해력을 측정하는 내용으로 단순히 고등학교 수능 준비 교재를 공부한다거나 중학교 교과서의 맹목적인 복습만으로는 부족하다.

입시를 눈앞에 둔 수험생들이 가장 많이 하는 질문이 '어떻게 하면 언어 점수를 금방 확실하게 올릴 수 있습니까?' 라고 한다. 다른 모든 영역이 다 마찬가지겠지만 특히 언어영역은 단기간에 실력을 확 끌어올릴 수 없는 영역이다. 그러나 방법이 아주 없는 것은 아니다.

■ 기출 문제 풀기

논리적 사고 능력과 비판적 독해 능력을 키우기 위해서는 기출 유형을 중심으로 비슷한 문제 유형을 집중적으로 공부하는 것이 좋다. 특히 비문학 형태의 긴 지문을 빠르고 정확하게 읽어 내는 훈련도 중요하다.

■ 문학 작품 해석과 감상 능력 키우기

종합적 문학 감상 능력을 키우기 위해서는 중학교 교과서에서 다루었던 문학 작품을 해석하는 방법과 핵심적인 내용 위주로 정리해 두는 것이 좋다. 작품의 단순한 내용적 특성이나 표현 기법을 묻는 형태의 문제가 나오는 것이 아니라 그와 비슷한 작품을 연계해서 파악하거나 그 작품을 감상하는 기본적인 관점에 관련된 문제가 나오기 때문이다.

■ 어휘력을 키우고 고사 성어 및 속담, 관용 어구 등을 암기

어휘 어법에 관련된 능력을 키우기 위해서는 지문 중에 나오는 어려운 어휘를 사전을 찾아 정리하는 습관을 들이고, 고사 성어 및 속담, 관용 어구 등을 암기해 두는 것이 좋다. 특히 고사 성어는 낱말 퍼즐 형태와 비문학 지문이 함께 응용되어 나오기도 한다. 그러므로 단순하게 글자만 암기하지 말고 실생활에 응용하려는 태도를 지녀야 실력이 늘어난다.

■ 중학교 국어 교과서 정독하기

중학 국어 교과 과정은 구술 면접의 기본 범위에 포함되기 때문에 국어 교과서를 정독하는 것이 필요하다. 또 외고 입시 출제 유형에 맞추어 영역별로 구성한 교재를 공부하고 그 내용을 꼼꼼하게 복습하는 것이 가장 확실하게 실력을 높일 수 있는 방법이다. 그러기 위해서는 평소 공부하는 책에 자신만이 알아볼 수 있는 필기가 되어 있어야 한다. 수업 중 선생님이 설명하는 이론이나 풀이 방법도 물론 중요하지만, 그 내용을 자신이 어떤 식으로 이해해서 응용했는지가 더 중요하다는 것이다. 반드시 자신이 이해할 수 있는 내용으로 필기하는 습관이 필요하다.

▶ **통합사회 영역**

외고 입시뿐만 아니라 모든 시험에서 좋은 성적을 거두기 위한 시작은 문제를 출제하는 목적이 무엇인지 이해하는 것이다.

통합사회 과목에서 중요하게 다루어지는 문제 유형으로는 첫째, 교과 내용을 기본으로 한 응용 문제와 둘째, 사회에 대한 관심과 이해를 측정하는 시사형 문제를 들 수 있다.

첫 번째 유형에 대비하기 위해서는 기존의 중등 교과 과정을 복습하는 것을 기본으로 현대 사회의 문제들과의 연관성을 찾아보는 노력이 필요하다. 특히 국사 관련 문제는 '시대별 공통점이나 차이점을 포괄적으로 이해하고 있는가' 라는 질문에 대한 준비가 중요하다.

두 번째 유형의 문제는 시사용어를 반복 학습하는 것과 함께 최근 중요한 이슈가 되고 있는 사회적 문제들에 관심을 가져야 한다.

▶ 창의사고력 영역

외고 입시에 공식적으로 수학은 출제되지 않는다. 다만 창의력 및 논리사고력을 측정하겠다고 밝히고 있다. 흔히 사고력 문제는 수학이며, 외고 대비를 위해 기본적으로 '10-가, 나' 과정까지 학습이 되어 있어야 한다고 생각하기 쉬운데 실제로는 그렇지 않다. 과학고형 창의사고력 문제는 이론의 바탕이 필요한 문제들이 대부분이다. 하지만 외고형 창의사고력은 문제 유형별 학습이 중요하며 '9-가, 나' 정도의 학습만 착실히 잘되어 있다면 충분히 가능하다. 다만 외고에 합격한 이후에는 수학이 중요하기 때문에 장기적으로 생각하여 수학 학습을 게을리 하면 안 되는 것은 사실이지만 '10-가, 나'의 선행 학습이 창의사고력 문제를 해결하는 데 보다 쉽게, 또는 풍부하게 할 수는 있지만, 하지 않았다고 해서 심각히 문제가 되는 것은 아니다.

창의력 및 논리사고력은 사실 수학적 감각이 바탕이 될 때 보다 잘 해결할 수 있는 문제들이지만 난이도가 아주 높거나 전혀 예상할 수 없는 특이한 문제들이 아니기 때문에 충분히 시험 대비 학습이 가능하다. 그러나 시중에 유형별로 잘 정리된 교재가 거의 없어 학원의 도움 없이 스스로 학습하는 데 어려움이 있다는 것이 무엇보다 문제이다.

외국어고 대비 전문 학원에서는 매년 학교별 기출 문제, 유사 문제, 예상 문제를 유형별로 정리해 준비를 시켜 준다.

외고 입시를 준비하면서 혼자 공부해 보겠다는 '독학파' 들이 있는데, 이 학생들도 시험을 앞두고 파이널 코스 기간 엔 대부분 학원의 도움을 받게 되는 가장 큰 이유가 '창의 사고력' 때문이다. 학교에서나 시중의 문제지 등에서 접하 기 힘든, 그래서 수학 실력이 뛰어나다고 해도 풀기 어렵다 는 것이 학생들의 공통적인 평가이다. 따라서 독학파들조차 도 창의사고력 영역은 문제 유형과 풀이 방법 등을 시험 전 에 반드시 접해 본다.

창의사고력은 대체로 다섯 가지 형태의 문제들로 구성되 어 있다. 수리형, 조합형, 독해형, 기하형, 퍼즐형 등이다. 일단 외고 입시 기출 문제를 풀어서 어떤 유형이 나왔는지 확인하고 창의사고력의 영역별 유형 학습을 충분히 해야 한다.

무작정 많은 문제를 푸는 것이 중요한 것이 아니라 한 문 제를 풀더라도 정확하게 이해하면서 인내심을 가지고 하루 20문제 정도를 꾸준히 풀어 가면 어느 순간 감각이 좋아지 는 것을 느낄 수 있을 것이다. 문제를 풀다가 특별히 힘든 문제나 한 번 푼 문제인데도 다시 풀면 잘 풀지 못하는 경우 는 노트에 꼼꼼히 정리하여 완전히 자기 것으로 만들어야 한다.

▶ 영어 듣기평가

매년 외국어고 응시생들의 영어 실력이 우수해짐에 따라 듣기평가는 더 빨라지고 더 복잡한 유형의 문제들이 출제되고 있다. 학교별 출제 경향을 분석하고, 그에 맞춰 대비하면서 맞춤 전략을 짜야 한다. 특히 대원외고는 매년 빨라짐과 더불어 사고력 + 영어, 사회적 역사적 문제 + 영어 등 통합적 능력을 평가하는 추세이기 때문에 메모하면서 듣는 습관을 키우는 것이 중요하다.

▶ 전반적인 듣기평가 출제 경향

모든 시험에는 평가하고자 하는 영역과 목적이 분명이 제시되어 있다. 외국어고등학교의 영어 시험도 마찬가지이다. 외국어고등학교이므로 영어 실력이 우수한 학생을 선발하는 것이 1차적이지만, 그렇다고 해서 외국어고등학교에 입학하기 위해 반드시 해외 어학연수 등을 다녀와야 하는 것은 아니다.

그리고 TOEFL, TEPS, TOEIC 등 영어 공인 점수가 있는 것이 유리하기는 하지만, 어떻게 보면 이 시험들은 각 평가 영역이 외국어고등학교 듣기평가 시험보다 더 명확한 목적이 있으므로 위 시험에서의 고득점이 외고 입시 듣기평가에 절대적으로 유리한 것도 아니다.

TOEFL은 영미권 대학에서 수학할 수 있는 능력을 평가하는 것이므로 영미권의 문화를 알고, 고등학교 수준의 전 교과 내용을 영어로 학습할 수 있는 수준이 되는지를 평가하므로 철저히 학문적인 환경에 맞춘 영어 시험이다. 이와 달리 TOEIC은 비즈니스 환경에 맞는 영어 구사 능력을 평가하는 것이므로 실용 영어에 초점을 두고 있다. 어찌 보면 지엽적이라고 할 수 있는 이 두 시험을 극복하고자 서울대에서 TEPS라는 시험이 개발되어 시행되고 있다. TEPS는 TOEIC의 독해영역의 단순함을 극복하여 추론 능력과 사고력 등을 파악하는 데 도움이 많이 되며, 세부적인 내용을 묻는 문제가 많아 정확히 읽고 듣기 훈련이 되므로 외고 입시 준비에 도움이 된다.

이에 반해 외국어고등학교 듣기평가는 중3 학생을 대상으로 하고 있기에 어휘나 내용면에서 지나치게 학문적이거나 비즈니스적 내용은 출제되지 않는다. 오히려 고등학교에서 공부하는 데 필요한 언어 능력을 영어로 측정한다고 보면 가장 이해하기 쉬울 것이다. 즉 실생활에서 의사소통하는 능력, 논리적 사고력과 추론 능력 및 문제 해결 능력을 묻는다. 그리고 국내에서 공부하는 학생을 대상으로 하고 있으므로 중학교 학생들의 교과(사회나 수리)적 지식을 영어로 평가한다. 그러므로 국내의 중학교 교과 과정을 충실히 공부해 두는 것도 영어 듣기평가에 도움이 된다.

듣기평가의 어휘나 속도 면에서는 대학수학능력시험 외

국어영역의 듣기평가보다 더 까다롭다.

초등학교~중학교 3년 동안의 듣기 대비 학습 방법

초등학교 영어 동화 읽기 및 읽가—쓰가—말하기 중심의 학원 수업 병행

학생의 지적 수준에 적합한 오디오 테이프가 있는 영어 동화를 선택해서 읽게 한다. 영어에 대한 흥미를 잃지 않도록 세심한 배려가 필요하다. 문장 해석이나 단어 암기 등은 배제하고 다양한 주제의 글 읽기가 되도록 유도한다.

어학원을 선택할 때는 원어민 교사가 60% 이상인 곳을 선택하는 것이 중요하다. 저학년 때는 수업이 지루하지 않도록 각종 게임 등을 통해 자연스럽게 언어 습득을 할 수 있도록 하며, 정확하게 읽고 쓰는 연습은 5, 6학년 이상의 고학년부터 집중적으로 한다.

중학교 1학년 듣기 기초 능력 다지기

듣기 기초 실력을 다지기 위해 가장 중요한 것은 발음을 극복하는 것이다. 중학교에 입학하면 학생들이 사춘기에 접어들면서 큰 소리로 따라 읽는 등의 적극적인 학습을 기피하는 경향이 있다. 그러나 듣기평가는 결코 듣는 것만으로 실력이 향상되는 것이 아니다. 이 시기에는 들은 내용을 받아쓰고, 따라 읽으며, 들은 내용에 대해서 말하는 연습을 고르게 해야 한다. 이와 동시에 상황에 맞는 구어체 표현 습득에도 신경을 써야 한다. 구어체 표현이 많이 있는 듣기 교재를 선택하는 것이 중요하며, 애니메이션 등 학생들에게 흥미로운 영화 보기 등도 병행하면 좋다.

듣기 실력 향상을 위해서는 원서 독해도 매우 중요하다. 초등학교 때와 마찬가지로 매월 명작을 1~2권은 읽어야 한다. 물론 오디오 테이프를 통해 원서 내용을 귀로 듣는 연습이 함께 이루어져야 한다.

중학교 2학년 **중장문/문단 단위 청취 능력 기르기**

외고 입시뿐 아니라 최근 영어능력시험에서는 지문이나 대화가 길어지고 있는 추세이다. 그러므로 장문 청취가 중요해지고 있다. 장문 청취를 잘하기 위해서는 기본적으로 비판적 글 읽기 학습이 선행되어야 한다. 즉, 글을 읽을 때 전반적인 주제와 제목을 고르는 연습과 세부 내용을 파악하는 연습을 하여 주어진 글에서 최대한 많은 정보를 파악하는 훈련이 필요하다.

IBT에서도 듣기평가에서 내용이 길어지고 있고, CBT와 다르게 메모를 허용하고 있다. 중장문은 들려주는 내용의 호흡이 길어서 그냥 듣고만 있을 경우 주요 정보를 놓치기 쉽다. 그러므로 글을 읽을 때 세부 내용을 파악하는 것처럼 긴 지문을 들을 때는 주요 정보를 간단히 메모할 수 있는 훈련을 해야 한다. 그리고 2학년 때부터는 실력 점검을 위해서 자주 영어능력시험에 응시하는 것이 중요하다. 즉, 각 외고에서 주최하는 영어 경시대회에 참여하여 실전 감각을 익히기 시작해야 하며, 이 글 앞에서 언급한 TOEFL, TOEIC, TEPS, FLEX 등 각종 국내외 영어능력시험에 참여한다.

처음 시작은 어려울 수 있으나 일단 일정 공인 점수 획득 후 월간, 연간 목표 점수를 세워 이에 대비해 나가면 구체적으로 실력 향상을 꾀할 수 있다.

중학교 3학년 문제 해결 능력/입시 대비

중학 3학년 때는 입시를 앞두고 많은 실전 문제 풀이를 해야 한다.

외고 입시에서 어려운 어휘가 많거나 긴 지문에서만 오답률이 높은 것은 아니다. 의외로 짧은 지문이나 대화에서 순발력을 발휘하지 못하고 실수를 하는 경우가 많이 있다. 대원외고뿐 아니라 최근에는 전반적으로 외고에서 듣기평가의 속도가 빨라지고 있으므로, 짧은 내용의 경우 문제 푸는데 오히려 어려움을 겪는 경우가 많다. 그러므로 중1 때 중점을 두었던 구어체 표현 연습이나 받아쓰기를 통해 스피드한 듣기평가에 대비해야 한다. 즉 속도감 있게 들려주는 내용은 연음이 많아 눈으로는 정확히 아는 표현도 놓치기 쉬

우므로, 마지막까지 받아쓰고 따라 읽는 연습을 게을리 해서는 안 된다.

중2 때의 중장문 청취 학습의 비중을 더 높이고, 3학년 1학기에는 영어능력시험에서 고득점을 내기 위해 시험의 가짓수를 한두 가지로 한정해 그에 대한 집중 대비를 한다. 예를 들어 대원외고에서는 영어 능력 우수자 특별 전형에 TOEFL과 TEPS를 인정하고 있으므로 이 두 가지 시험에 집중하여 고득점을 위한 전략을 세운다. 그리고 외고 입시의 듣기평가 향상을 위해 실전 문제 풀이 이상으로 중요한 것은 복습이다. 주당 일정한 시간을 배정하여 3, 4일, 또는 1주일 단위로 학습한 내용을 다시 반복 청취한다. 반복 청취 시에는 표현 정리뿐 아니라 평소에 취약한 유형에 대한 집중 훈련도 같이 한다.

영어 에세이

영어 능력 우수자 관련 전형에서 에세이 능력을 평가한다. 글쓰기는 언어영역에서 가장 고차원적인 단계이다. 자신의 생각을 배경 지식을 바탕으로 논리 정연하게 글로 풀어 나가는 능력을 갖추기 위해서는 뛰어난 영어 실력만으로는 부족하고, 평소에 원서 읽기 등을 통해 다양한 배경 지식을 갖추고, 특정 주제에 대한 자신의 생각을 글로 논리 정연하게 풀어내는 능력을 꾸준히 키워야 한다.

■ 배경 지식 축적

사실 외고의 입시 에세이는 토플의 작문 시험과는 차이가 많다. 토플 작문 시험에서는 주어진 주제에 대한 사전 지식이 있으면 유리하긴 하지만 필수 요소는 아니다. 이에 반해 외고 입시형 에세이에서는 배경 지식을 알고 있고 이를 글에 이용하면 상당히 유리하다. 예를 들어 인권(Human rights)에 대해 공부를 한 경험이 있다고 하자. 인권에 관한 배경 지식을 이용하면 동물 보호, 안락사, 사형 제도, 학교 내 체벌 등 이와 연관된 주제로 에세이를 쓸 때 훨씬 좋은 글을 쓸 수 있다. 즉, 다양한 분야에 대한 배경 지식을 쌓으면 에세이를 쓸 때 좋은 무기가 될 수 있다.

■ 에세이 작성 시 영어로 생각하자

에세이 주제를 받으면 한국어로 생각을 정리한 후 영작을 하려는 학생이 의외로 많다. 이렇게 하면 어떤 글이 나올까? 글의 흐름도 어색해짐은 물론 콩글리시가 많이 나올 수밖에 없다. 즉, 한국말에 의존해야 하므로 표현과 논리가 한국적일 수밖에 없게 된다. 따라서 에세이를 쓸 때는 시종 영어로 생각하는 습관을 길러야 한다.

■ 글의 큰 틀을 먼저 잡는다

천재가 아닌 이상 글을 써 내려가면서 글의 큰 틀을 잡을 수는 없다. 큰 틀 잡기는 집을 지을 때 설계하는 과정에 비유할 수 있다. 아무 설계 없이 집을 지으면 순서가 뒤죽박죽이 되고 중요한 부분이 빠질 수 있다. 설계 단계가 그만큼 중요하다. 에세이 쓸 때도 마찬가지이다. 큰 틀을 잡고 쓴 학생과 그렇지 않은 학생의 글은 차이가 많다. 틀을 잡은 후 쓰면 생각과 논리 전개 과정이 일관되고 체계적이기 때문에 글의 진가가 잘 드러나게 된다.

■ 교정은 필수

에세이를 쓰는 데는 시간을 많이 투자하면서 다 쓴 후에 정작 필요한 첨삭은 생략하는 경우가 허다하다. 단 몇 분이라도 시간을 들여 자신이 쓴 글을 다시 읽어 본다면 고칠 부분이 항상 나오기 마련이고, 고치면 보다 좋은 글이 된다. 한 번에 완벽한 글을 쓸 수 있는 사람은 아무도 없다.

에세이를 다 쓴 후 다시 한 번 읽어 보면 단순한 실수, 예를 들면 철자법, 시제 일치, 수 일치 등을 발견할 수 있다. 아무리 좋은 생각과 논리로 글을 전개해도 이런 단순한 것을 틀리면 글의 가치가 형편없이 떨어질 수밖에 없다. 시간이 없고 귀찮더라도 교정을 위해 단 5분만이라도 투자하자.

■ 학교별 에세이 기출 문제를 입수하여 특징을 파악

외고별 출제 경향을 분석하는 것도 주요 포인트 중 하나이다. 대원외고는 2006년에 교훈인 '세계로 뻗는 한국인이 된다'와 관련된 문제를 출제했다. 이를 바탕으로 학교와 관련된 교목, 교화, 학교 상징, 교육 지표 등을 찾아 생각을 정리한 다음 에세이 연습을 해 보는 것도 의미가 있다.

한영외고는 서론과 결론은 주고 본론 부분을 쓰도록 하는 'Essay Completion' 유형의 문제를 출제했다.

이렇듯 자신이 지원할 학교의 기출 문제를 분석해서 다양한 주제에 대해 글쓰기 연습을 해 두면 크게 도움이 된다.

2007년 외국어고 입시, 이렇게 바뀐다!

매년 입시 제도가 조금씩 바뀌어 왔다.
간혹 당락이 결정되는 중요한 변화가 있을 수 있으므로
외국어고를 목표로 한다면 수시로 홈페이지에 접속해
이듬해 변화되는 입시 방향에 대해 확실하게 알아 둘 필요가 있다.

PART 7

2007년 외국어고 입시, 이렇게 바뀐다!

대원외고뿐만 아니라 외국어고등학교의 입시 요강은 매년 조금씩 변화가 있다. 수시로 홈페이지 등에 게재가 되는데, 외고를 목표로 준비한다면 1년 전부터 변화가 예상되는 입시 요강에 맞춰 준비해야 유리하다.

외고 입시 경쟁률은 더욱 치열해질 것이다

'논·구술 비중을 본고사 수준으로 높이겠다' 는 서울대 측의 발표어 따라 '통합교과형 논술' 로 대입 제도가 중심점을 옮기자 우수생들이 몰리는 외고의 인기가 다시 치솟고 있다.

　2004년 8월, 교육인적자원부에서는 '2008년 대입에서는 내신 반영률을 대폭 높이겠다' 고 발표했고, 그 여파로 2005년 외고 입시 경쟁률은 이례적으로 낮았다. 당시 4.6:1을 기록했다. 당시 외고를 준비하던 상위권 중3 학생들은 방향을 급전환, 일반 고등학교로 진학한 예가 많다.

　그러나 곧 서울대학교에서 '통합교과형 논술' 안을 내놓으면서 분위기는 달라지기 시작했다.

　'논·구술 비중을 본고사 수준으로 높이겠다' 는 서울대 측의 발표는 일거에 명문대를 중심으로 '통합교과형 논술'로 대입 제도의 중심점을 옮기게 했다. 따라서 외고 대신 일반고로 진학한 학생들의 후회하는 소리가 여기저기서 들리기 시작했다.

'통합교과형 논술'에 이어 서울대학교의 학생 선발 기준을 발표했는데, 1/3은 지역 균형 선발, 1/3은 특기자 전형, 1/3은 정시 모집 등이 주요 골자였다.

이를 분석하면 외고생들이 불리한 영역은 지역 균형 선발 뿐이다. 서울과 수도권을 비롯, 전국의 학생을 대상으로 내신으로 우수 학생을 선발하겠다는 것인데, 이렇게 되면 외고에서의 1등이나 지방의 학력이 떨어지는 학교의 1등이 학교 성적만으로 동점을 받는 셈이니, 외고뿐만 아니라 강남 8학군 등 학력이 높은 학교가 밀집한 지역의 학생에게는 대부분 불리한 제도이다.

그러나 특기자 전형과 정시 모집은 외고생들에게 유리하다. 특기자 전형은 '외고와 과학고생들을 위한 창구'라는 말이 나올 정도로 일반 학교 학생들이 지원하기에는 역부족이다.

이뿐만 아니라 명문 대학을 중심으로 국제학부 및 글로벌 리더 전형의 강화 등, 외국어 능력 중심의 특기자 전형을 확대하고 있고, 논술 비중을 대부분의 학교들이 강화함으로써 우수생들이 몰리는 외고의 인기는 다시 치솟고 있다.

명문 대학을 중심으로 국제학부 및 글로벌 리더 전형의 강화 등, 외국어 능력 중심의 특기자 전형을 확대하고 있고, 논술 비중을 대부분의 학교들이 강화함으로써 우수생들이 몰리는 외고의 인기는 다시 치솟고 있다.

이런 이유로 2005년에 4.7:1로 하락했던 외고 경쟁률은 2006년 6.7:1로 다시 높아졌다. 입시 관계자들은 2007년 외고 입시 경쟁률은 더 치열해질 것이라고 전망한다.

이렇게 대비하라-되도록 빨리, 되도록 철저히 입시 준비를 하라

2008년은 '특목고 시대'라고 해도 과언이 아니다.

지금까지도 특목고가 서울대 등 국내 명문 대학 진학률은 물론이고 해외 명문 대학까지 압도적인 우위를 차지하고 있지만, '통합교과형 논술'이 본고사 수준으로 비중이 높아지는 2008년이 되면 특목고의 위상은 더욱 높아질 것이다. 또한 서울과 수도권 등 대도시와 지방의 격차, 강남과 비강남의 격차는 당분간 더 심화될 것으로 보인다.

고등학교는 대학까지 가는 길의 중요한 교두보이다. 특목고를 선택하느냐, 일반고를 선택하느냐에 따라서 대학을 선택하는 기준 자체가 달라질 정도로 중요하다.

우수한 학생들은 우수한 학교로 보내는 것이 유리하다. 경쟁률이 치열해진다는 것은 그만큼 우수한 학생들이 대거 몰린다는 것을 의미하므로 보다 긴장해야 한다.

외고 경쟁에 대비해 외고 입시에 필요한 영어 실력과 구술 면접, 에세이 등 자신이 지원할 전형에 맞는 준비가 되도록 빨리, 되도록 철저히 이루어지도록 전략을 짜자. 영어 실력만 과신하다 너무 늦게 시작해서, 자신에게 맞는 입학 전형 선택을 제대로 하지 못해서 등이 실패 요인들인데, 경쟁이 치열한 만큼 준비도 빈틈없이 해야 한다.

서울과 경기권의 시험 날짜가 동일하다

시험 날짜가 동일해짐에 따라 경기권과 서울권 두 학교에 네 번 응시할 기회가 두 번으로 줄어든 만큼 경쟁률이 더욱 치열해졌다. 때문에 상대적으로 유리한 학교와 특별 전형 부문을 선택하고, 짧은 시간 너에 최대한의 효과를 낼 수 있는 과목과 학습 방법을 찾아내는 것이 중요하다.

2006년 외고 입시에서는 경기드권과 서울권의 외고 입시 날짜가 달랐다. 경기 지역 외고 특별 전형은 10월 22일, 일반 전형은 11월 1일이었고, 서울 지역의 특별 전형은 11월 7일, 일반 전형은 11월 14일이었다.

현재 서울 지역에는 대원외고와 한영외고, 명덕외고, 대일외고 등 6곳의 외고가 있고, 경기 지역에는 용인외대부속외고와 명지외고, 과천외고 등 9곳이 있다.

경기도 교육청 자료에 따르면 2006학년도 도내 특목고 합격자의 25%가 서울 출신 학생으로 드러났다. 과천외고의 경우 서울 출신 지원자가 전체 지원자의 56.7%를 차지했으며, 용인외대부속외고는 응시 원서 접수자의 출신 지역을 비교해 보니 경기 지역이 1,404명, 서울 지역 학생이 1,325명이었다.

서울의 대원외고와 함께 경기권의 톱클래스 외고로 부상한 용인외대부속외고는 전원 기숙사 생활을 하기 때문에 경기 지역과 서울 지역 학생의 응시율에 큰 차이가 없을 만큼 서울 지역 학생들이 많았다.

톱클래스의 대원외고나 용인외대부속외고를 목표로 공부한 학생들은 시험 날짜가 이렇게 다르다 보니 두 학교 모두에 응시할 기회가 있었다. 즉 시험 날짜가 빠른 외대부속외고에서 특별 전형과 일반 전형 두 번을 치르고, 다시 대원외고에서 두 번의 시험을 치르는 만큼 시험 일정이 같을 때보다 2배의 응시 기회가 있었던 셈이다.

경기도 분당에 사는 P양은 "외대부속외고 시험을 봤는데 모두 떨어졌어요. 그래서 대원외고에 다시 도전을 했죠. 일반 전형에서 합격했는데, 세 번 떨어질 동안 정말 마음고생이 많았어요"라고 말한다. 이렇듯 대원외고생 중에는 처음부터 대원외고를 목표로 소신 지원한 학생들도 많지만 P양처럼 일단 외대부속외고를 거쳐 온 경우도 적지 않다.

이렇게 되다 보니 경기권의 외고들은 우수한 학생을 우선적으로 유치하기 때문에 유리했지만, 서울 지역 외고들은 그 반대였다. 일단 합격했는데도 포기하고 다른 학교에서 또 시험을 볼 수는 없기 때문이다. 원칙적으로 고교 입시에서는 이중 지원이 불가능하다. 일단 특정 외국어고에 합격하고 다른 외국어고에 또다시 지원하면 이중 지원이 되어 모두 최소가 된다. 마음이 바뀌어 일반 인문계 고교를 간다고 하더라도 일단 합격한 외국어고에 입학한 후 전학해야 한다. 그러나 2007년부터는 서울 지역과 경기권의 시험 날짜가 동일하게 되니까 입시 양상은 또 변하게 된다.

시험 날짜가 동일해짐으로써 가장 눈에 띄는 변화는 '치열한 경쟁률'이다. 또한 어느 때보다 '정확한 맞춤 전략'을 짜야 한다는 것도 주목해야 한다.

2007년부터는 서울 지역과 경기권의 시험 날짜가 동일하게 되니까 입시 양상은 또 변하게 된다. 시험 날짜가 동일해짐으로써 가장 눈에 띄는 변화는 '치열한 경쟁률'이다. 또한 어느 때보다 '정확한 맞춤 전략'을 짜야 한다는 것도 주목해야 한다.

이렇게 대비하라-철저한 맞춤 전략을 짜라

경기권과 서울권 두 학교에 네 번 응시할 수 있는 기회는 이제 두 번으로 줄어들었다.

무엇보다 학생의 정확한 능력과 조건을 파악해서 진학 지도를 해 줌으로써 합격 가능성을 최대한 높여야 한다. 학원에서 매주 치르는 모의고사와 에세이 능력, 내신 성적, 개인적 조건 등을 분석해 수년 동안 축적된 데이터와 비교, 상대적으로 유리한 학교와 특별 전형에서의 부문을 선택하고, 개별적으로 부족한 부분을 찾아내어 짧은 시간 내에 최대한의 효과를 낼 수 있는 과목과 학습 방법을 찾아내는 것이 중요하다.

즉 대원외고의 '영어 능력 우수자' 전형이 적합하다고 판단했다면, 에세이와 듣기와 구술 면접에 최선을 다하고, 그 중 에세이가 가장 취약하다면 남은 시간까지 에세이에 집중하는 등의 맞춤 전략을 짜는 것이다.

특별 전형 영어 우수자 관련 정원 증가

3년 동안의 외고 입시안 변화를 보면 '영어 능력 우수자를 우선적으로 유치하겠다'는 의지가 명백해 보이고 국제화 전형에서 토플과 텝스 점수로 가산점을 준다는 점이 눈에 띈다. 따라서 토플 고득점자들을 포함한 영어 우수자들이 상당수 유학반, 혹은 영어 능력 우수자와 경시대회 수상자로 몰릴 전망이다.

특별 전형에서 영어 능력 우수자 관련 전형의 정원이 증가하고 있는 추세이다.

대원외고의 경우 2005년과 2006년 대비, 영어 능력 우수자가 30명에서 50명으로, 경시대회 수상자가 6명에서 16명으로 늘었다. 대신 학교 성적 우수자는 70명에서 40명으로 줄어들었다.

2007년에는 해외 유학반인 국제어과를 특별 전형에 신설, 국제화 전형과 경시대회 수상자로 나누어 65명을 선발 특별 전형의 영어 능력 우수자 관련 전형의 총 원이 2006년에는 56 명이었으나, 2007년에 는 국제어과를 포함 92 명으로 증원이 되는 셈 이다.
전체적으로 특별 전형 의 인원이 확대되는 추 세이다.

한다. 일반 전형에서 국제어과에 지망하는 학생 40명을 선발, 유학반은 총 105명으로 운영될 예정이다. 또 학교장 추천자는 2006년 50명에서 2007년에는 30명으로, 학교 성적 우수자는 그대로 40명에 머문다.

정리하면, 특별 전형의 영어 능력 우수자 관련 전형의 총원이 2006년에는 56명이었으나, 2007년에는 국제어과를 포함 92명으로 증원이 되는 셈이다. 반면 학교장 추천자와 학교 성적 우수자는 상대적으로 선발하는 인원수가 줄어든다.

또 전체적으로 특별 전형의 인원이 확대되는 추세이다. 2005~2007년 대비 159명(전체 37%)—169명(전체 40%)—175명(전체 42%)으로 늘어난다.

대원외고는 특별 전형의 영어 능력 우수자 전형에서 2006년까지는 '토플 점수 CBT 213점, 텝스 700점 이상'이라고 명기했으나 2007년에는 '텝스는 그대로, 토플은 230점'으로 올렸다(실제 응시생들의 평균 점수는 특별 전형과 일반 전형 포함 260점 이상으로 알려졌음). 또 2007년부터 국제어과의 국제화 전형의 경우 'CBT 260점, 텝스 850점 이상'으로 지원 자격을 명시했다. 또한 2007년부터 국제화 전형에서는 토플과 텝스 점수에 따른 '실적 점수(30점)'를 줄 예정이다.

학교장 추천 전형에서 2005년까지는 전국 및 시도 규모

의 선행, 효행, 봉사상 수상자가 지원 자격이었으나, 2006
년부터 시도 규모의 상은 제외했다.

이렇게 대비하라 – 유학파들이 더 유리해져, 토플 및 텝스 고득점을 확보하라

3년 동안의 외고 입시안 변화를 보면 '영어 능력 우수자를 우선적으로 유치하겠다' 는 의지가 명백해 보인다. 특히 눈에 띄는 항목이 국제화 전형에서 토플과 텝스 점수가 지원 자격에 머무르지 않고 점수에 따른 가산점을 준다는 점이다. 따라서 토플 고득점자들을 포함한 영어 우수자들이 상당수 국제어과나 혹은 영어 능력 우수자와 경시대회 수상자로 몰릴 전망이다.

현재 국내 교육 상황에서 가장 유리한 전략을 짠다면 2~3년 조기 유학을 다녀오고, 외고 입시 전까지 토플 시험에서 280점 이상의 고득점 실력을 쌓으며 준비하는 케이스이다. 그 외에 영어 우수자 관련 전형 지원자들의 영어 실력이 예년에 비해 더 높아질 것이고, 또한 특별 전형의 국제어과와 영어 우수자 전형에서 영어 에세이 평가가 포함되므로 수준 높은 쓰기 실력 또한 갖추어 놓아야 한다.

물론 토종 영어 실력도 가능하긴 하지만, 현재 대원 외고생 중에서 국내반 기준 한 반 35명 정원 중 80% 내외가 어학 캠프와 단기 유학, 외국 거주 등의 경험이 있다는 것을 감안하면, 조기 유학이 필수 코스로 자리 잡고 있음을 알 수 있다.

특히 올해 9월부터 토플이 IBT로 바뀌면서 문법 대신 '말하기' 영역이 추가되고, 쓰기 역시 토픽형(주어진 주제에 맞게 글을 쓰는 유형)이 아니라 지문 제시형(지문을 주고, 그것에 따른 문제에 맞게 자신의 생각을 쓰는 것, 대입 논술 유형과 비슷)이 많기 때문에 더 어려워질 전망이다. 따라서 영어의 말하기—듣기—읽기—쓰기 전 영역에서 점차 보다 높은 실력을 요구하는 것이 토플뿐만 아니라 고입과 대입에서도 예상되는 변화들이다.

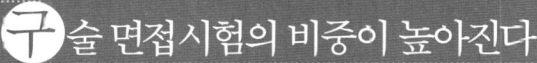

구술 면접시험의 비중이 높아진다

영어능력평가의 항목인 영어 듣기는 대부분이 만점에 가까운 점수를 받기 때문에 변별력이 높지 않고, 반면 구술 면접 시험은 학생 간의 실력에 따라 점수 차이가 높기 때문에 그만큼 비중이 높아지고 있다.

외고 입시 준비를 성실하게 한 학생들이라면 입시에 가까워질수록 영어 듣기는 대부분 많이 향상된다. 실제로 외고 입시 합격자들 상당수가 듣기에서는 거의 만점에 가까운 점수를 받고 있다.

대원외고의 경우, 듣기 속도가 점점 빨라진다는 것이 응시자들의 일반적인 의견이다. 또 복잡한 계산을 요구하거나 사회와 역사 등 배경 지식을 요하는 문제들이 출제된다. 특히 서울 지역 외고 6곳 중 특별 전형에서 영어 듣기평가를 하는 유일한 학교여서 듣기에 아직 비중을 두고 있음을 증명한다.

그러나 대부분 대원외고 입시를 준비하는 학생들이 평소에 대원외고 기출 문제를 분석함은 물론, 대원외고식 듣기라고 해서 '잡음이 섞인 상태에서 듣기', '시험보다 더 빨리 듣기' 등으로 고난도 훈련을 장기간 반복하기 때문에, 대부분 만점에 가까운 점수를 받는다.

따라서 영어능력평가의 항목인 영어 듣기는 변별력이 높지 않고, 반면 구술 면접 시험은 학생 간의 실력에 따라 점수 차이가 높기 때문에 그만큼 비중이 높아지고 있다.

이렇게 대비하라 – 다방면의 독서 & 기출 문제 및 예상 문제 풀기

외고 구술 면접 대비 방법은 크게 세 가지로 나뉜다.

■ 첫 번째, 독학파

듣기는 《외고 듣기》, 《토플 듣기》 등의 교재를 구입해 혼자 공부한다. 구술 면접은 학원에서 제공하는 기출 문제집을 풀어 보면서 문제 유형에 익숙해지는 훈련을 한다. 이외 독학파의 특징은 학교 공부에 최선을 다하는 것이다. 내신 관리 차원뿐만 아니라, 학교 수업 시간에 배운 내용을 심화시켜 공부하면 상당 부분 구술 면접과 통한다고 판단한다.

중학교 3학년 과정의 국어와 사회 과목을 정독하고 관련 책을 읽는 등의 준비를 하기도 한다. 또 시사적인 상식을 쌓기 위해 중3부터 시험 때까지 신문을 정독하는 학생들도 많다.

■ 두 번째, 학원파

학원에 의존하는 학생들은 대부분 중학교 1학년이 시점이다. 이때부터 학원에서 체계적인 고 대비 준비를 한다. 외고 대비 학년별 영어 스케줄을 보면 1학년 때는 문법과 어휘, 독해(1주 3회 평균 총 17시간 중 7시간), 2학년 때는 독해와 듣기(수능 수준까지 끝내기), 3학년 때는 듣기 등으로 짜여진다. 단어는 하루 100개 이상씩 외워 시험을 치르고, 3학년 때는 300개로 늘어나는 등 하드 트레이닝을 한다. 3학년 1학기의 영어는 외고 대비에 맞추고, 국어, 사회, 수학의 내신 대비에 주력한다. 3학년 1학기 주요 과목 가중치 점수를 염두에 둔 스케줄이다. 3학년 1학기 기말고사가 끝난 후 여름방학 직후부터는 본격적인 3개월 파이널 코스로 접어든다. 이때부터 영어와 구술 면접의 모의고사와 실전 연습이 가속화된다. 매일 자정, 혹은 새벽 1시까지 공부를 하면서 11월 시험에 대비한다.

토플은 안정적으로는 1학년 때부터 본격적으로 준비, 2학년 1학기부터 응시하기 시작해 2학년 2학기 겨울방학까지 목표 점수 280점대를 향해 주력한다. 3학년 1학기는 내신 반영률이 가장 높기 때문에 주요 과목 위주로 내신 관리에 올인해야 하기 때문에 2학년 때 토플은 마무리하는 것이 유리하다.

■ 세 번째, 독학 + 학원파

외고에 대한 신념이 굳고, 최상위권의 실력을 유지하는 학생들이 주로 이 코스를 택하는 확률이 높다. 누가 시킨다고 해서 따라가는 유형이 아니라 스스로의 공부 원칙이 있어서 자신이 판단한 스케줄에 맞춰 부족한 부분을 사교육으로 보충한다.

독학과 학원을 절충하는 유형은 빠르게는 3개월 파이널 코스부터 학원에 합류한다. 더 늦게는 1개월반, 혹은 2주반에서 외고형 듣기와 구술 면접을 집중해서 공부한 뒤에 시험을 치른다. 실제로 이런 스케줄로 합격한 학생도 꽤 있다. 그러나 웬만큼 자기 확신이 강하지 않고서는 대부분 학원에서 1년 이상 본격 대비를 할 때 혼자 공부하기란 쉽지 않은 것이 사실이다.

이렇듯 세 가지 유형으로 구술 면접을 공부한 학생들 대부분이 구술 면접에서 가장 중요한 학습 방법으로 '교과서 공부'와 '풍부한 독서'를 꼽는다. 학원 측에서도 마찬가지이다. 기출 문제를 푸는 정도로는 부족하고, 초등학교와 중학교 때 독서를 많이 한 학생들이 구술 면접에도 강하다는 것이 학원 관계자들의 평가이다. 이를 바탕으로 외고 대비 기출 문제와 예상 문제를 접하면 훨씬 빨리, 그리고 쉽게 적응이 가능하다는 것이다.

구술 면접 중 사고력 유형의 문제가 늘어난다

대원외고는 물론이고 서울 지역 외고 대부분이 사고력 문제를 늘리는 반면 국어와 영어는 줄이는 추세이다. 사고력 수학 문제는 풀어 보지 않으면 전혀 생뚱맞아서 정답을 산출해 내기 힘들기 때문에 전문 학원의 도움을 받는 것이 좋다.

구술 면접은 국어와 영어, 사고력, 사회 등 네 가지 영역으로 치러지는데, 사실은 통합형인 경우가 많다. 국어 + 사회, 수학 + 영어 + 사회 등의 유형으로 출제가 되어 딱히 영역을 명쾌하게 나누기 곤란할 정도이다.

2005년과 2006년의 외고 구술 면접 영역별 문항 수를 분석해 보면, 대원외고는 특별 전형의 경우 국어 5-3, 영어 3-2, 사고력 1-4, 사회 1-3 등으로 바뀌었다. 서울외고는 국어 4-3, 영어 4-3, 사고력 1-3, 사회 1-3으로 바뀌었는데, 서울

시내 6개 외고를 통합한 결과를 보면, 국어 29-24, 영어 23-23, 사고력 14-19, 사회 4-8로 문항 수의 변화가 있었다. 일반 전형의 경우 6개 외고 통합 국어 70-74, 영어 19-15, 사고력 12-22, 사회 10-5로 문항 수의 변동이 있었다.

특별 전형과 일반 전형을 통합해 가장 눈에 띄는 변화가 있는 영역이 '사고력'이다. 대원외고는 물론이고 서울 지역 외고 대부분 사고력 문제가 늘었고, 반면 국어와 영어는 줄어든 추세이다. 혼자 공부할 정도로 외고 대비에 자신감이 있는 우수 학생들이 힘든 장애물로 생각하는 영역이 구술 면접인데, 그중에 '사고력 문제'를 꼽는다. 기타 국어와 사회, 영어 등은 평소에 독서를 많이 하고 신문 사설 읽기 등으로 준비를 하면 학교 공부와 접목시켜 어느 정도 접근이 가능한데, 사고력 수학 문제는 풀어 보지 않으면 전혀 생뚱맞아서 정답을 산출해 내기가 힘들기 때문이다.

이렇게 대비하라 - 수학 '10-가'와 '나' 선행 학습 뒤 심화 학습, 그리고 사고력 문제 순으로

사고력 문제는 중학교 교과 수준의 수학 공부만으로는 역부족이다. 학교 시험 문제 유형, 혹은 서술형 문제 정도의 실력으로는 감당하기 힘들다.

보통 사고력 문제를 무리 없이 풀려면 1년 선행 학습한 수준인 수학 '10-가, 나' 정도의 실력을 갖춰 놓는 것이 좋

특별 전형과 일반 전형을 통합해 가장 눈에 띄는 변화가 있는 영역이 '사고력'이다. 대원외고는 물론이고 서울 지역 외고 대부분 사고력 문제가 늘었고, 평소에 독서를 많이 하고 신문 사설 읽기 등으로 준비를 하면 학교 공부와 접목시켜 어느 정도 접근이 가능하다.

다. 여기까지 중학교 3학년 1학기까지 해 두고, 그 다음 3개월 파이널 코스 기간에는 외고 기출 문제 및 예상 문제를 되도록 많이 풀어서 문제 유형에 익숙해지는 것이 좋다. 기본 바탕 실력이 깔려 있지 않으면 똑같은 문제라도 풀어내는 능력의 차이가 있기 때문에, 반드시 사전 심화 학습은 해 두어야 한다.

정확히 사고력 수학은 혼자 공부하기에는 무리이다. 학원에 굳이 다니고 싶지 않더라도 사고력 수학은 전문 학원의 도움을 받는 것이 좋을 듯하다.

내신 비중은 감소된다

2008년 대입에서 내신의 비중이 축소되는 이유 중 하나는 '고교 간의 학력 차' 때문이다. 외고 측에서도 중학교 간의 학력 차가 있음을 인정하고 구술 평가를 높이는 반면 내신 비중은 점점 줄이고 있는 추세이다.

학부모와 학생들이 가장 궁금해하는 점 중의 하나가 '학교 성적은 어느 정도 되어야 할까?'이다. 실질적으로 학생의 실력을 객관적으로 평가할 확실한 잣대 중 하나이기 때문이다.

2008년 대입에서도 내신의 비중이 축소된다고 하는데, 대원외고 역시 내신의 비중을 점차 줄여 가는 추세이다. 대원외고와 함께 톱클래스 외고로 평가받는 용인외대부속외고도 내신 반영 정도가 수치상으로는 예년과 같지만, 학업

적성시험(구술 면접 평가)의 배점이 높아져 상대적으로 내신의 비중을 줄일 계획이다.

2008년 대입에서 내신의 비중이 축소되는 이유 중 하나가 '고교 간의 학력 차' 때문인데, 역시 외고 측에서도 중학교 간의 학력 차가 있음을 인정한 처사가 아닌가 생각된다.

대원외고는 내신 평균 석차 백분율 1%당 0.4점의 차이에서 2007년에는 0.33점으로 줄일 예정이다. 즉 상위 1%의 학생과 10% 학생 간의 점수는 3.3점 차이가 나는 셈인데, 이는 5점짜리 구술 면접 한 개를 더 맞는다면, 혹은 듣기평가에서 한 개 이상만 더 맞으면 거뜬히 회복할 수 있는 점수 차이이다.

이렇게 대비하라─특히 중학교 3학년 1학기 내신은 잘 관리해라

전교 10등 내에 드는 최상위권 학생들은 외고 입시의 내신 반영률과 상관없이 내신 관리에 철저한 편이다. 원래 남에게 지는 것을 싫어해서 3학년 1학기 내신이 반영률이 더 높고(2학년 1학기 20%, 2학기 30%, 3학년 1학기 50%), 또 주요 과목의 가중치가 있다고 해서 그 학기에 그 과목만 더 열심히 공부하는 등 '선택적 학습'은 하지 않는다.

외고 입시에서 전교 1등은 떨어지고, 전교 20등은 붙는 등의 실제 사례들이 있는데, 이런 사례를 과신한 나머지 학교 성적 관리를 소홀히 하는 학생들도 있다.

그러나 구술 면접의 기본 바탕은 학교 교과 내용이란 점을 항상 명심해야 한다. 교과목을 소홀히 하고 구술 면접을 공부하면, 그만큼 시간이 많이 걸린다. 그러나 평소 내신 관리에 철저했던 학생은 구술 면접의 이해력도 빠르다는 것이 전문가들의 평이다.

그러나 2학년까지의 내신을 기준으로 3학년 1학기 때 내신 점수를 올리겠다고 학교 시험에만 올인하는 것은 전체 점수에서 내신이 차지하는 비중을 생각했을 때 현명치 못한 전략이다. 3학년 무렵이면 이미 내신 등수가 어느 정도 정해진 상태라서 일정 수준 이상으로 끌어올리기란 쉽지 않다. 따라서 3학년 1학기부터는 내신을 올리는 데 급급하기보다는 점수 비중상 듣기와 구술 면접에 대비하는 것이 유리하다. 학원 공부 외에 독서 및 신문 읽기 등을 꾸준히 해 두는 것도 잊지 말아야 한다.

3학년 1학기부터는 내신을 올리는 데 급급하기보다는 점수 비중상 듣기와 구술 면접에 대비하는 것이 유리하다. 학원 공부 외에 독서 및 신문 읽기 등을 꾸준히 해 두는 것도 잊지 말아야 한다.

대원외고 교무부장 강신일 선생님의 어드바이스

바뀌는 입시 요강을 정확하게 파악하세요

매년 전형 방법이 조금씩 바뀌어 왔다. 간혹 당락이 결정되는 중요한 변화가 있을 수 있으므로 대원외고를 목표로 한다면 수시로 본교 홈페이지에 접속해 이듬해 변화되는 입시 방향에 대해 확실하게 알아 둘 필요가 있다.

실례로 2006학년도에는 국제어과가 신설되었고, 2007학년도에는 국제어과 모집에 국제화전형이 신설되었으며, 실적 점수(토플, 텝스 점수)가 전형 요소로 작용하게 되었다. 전형별 모집 인원에도 약간의 변경이 있다.

본교에서는 홈페이지를 통해 입시 정보를 제공하고 있으며, 직접 듣고 싶은 수험생이나 학부모를 위해 연중 입학 설명회를 개최하고 있다. 매주 토요일 10시에 열리는 설명회는 홈페이지를 통해 예약할 경우에만 참석이 가능하다.

또한 시험 전(금년에는 9월 16일 토요일)에 학교에서 입시 전반에 대한 설명회를 개최한다. 이 설명회에서 학부모나 수험생은 2006학년도 입시 결과(전형별 합격자 평균, 커트라인 등)와 함께 2007학년도 입시 방향, 문제 유형, 학생에 따른 지원 유·불리 전망 등 소중한 정보를 제공받을 수 있다. 물론 그 전부터 준비를 해 왔겠지만 이 설명회를 듣고 최종적으로 지원 여부, 전형 부문 선택 등을 결론지어야 한다. 특히 국제어과에 지원하는 학생의 경우, 설명회에서 안내하는 내용을 잘 듣고 판단해야 한다. 사전에 '국제어과는 해외 대학에 진학할 학생만 지원하라'고 강조했음에도 불구하고 나중에 '유학비를 감당하기 힘들다, 국내 대학에 지원하고 싶다'는 등의 이유를 들어 과 전환을 요구하는 학부모들이 있다. 이렇게 정확한 정보 없이 잘못 선택하여 진로를 바꾸게 되면 학생 본인에게도 큰 손실이 될 뿐 아니라 학사 운영에도 많은 지장을 준다.

선생님도 잘 모르는
대원외고 입시 & 학교생활 궁금증 풀기 Q & A

대원외고를 목표로 정했다면 수시로 입시 정보 및 학교 정보를 수집해 두는 것이 유리하다. '아는 것만큼 보인다'고, 시험 전 정보가 많을수록 유리한 위치에서 준비할 수 있다. 여기에서 짚어 주는 궁금증은 학교 홈페이지를 통해 형식상 적어 놓은 내용 외에 실제 경험자들이 털어놓은 내용이어서 고급 정보에 속한다고 감히 말할 수 있다.

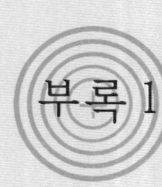

부록 1

선생님도 잘 모르는 대입원리고 입시 & 학교생활 궁금증 풀기 Q&A

Q 외국어고 지역 제한이 이루어진다면 어떤 변화가 있을까?

A 대원외고 등 서울 지역 외고는 오히려 유리하다

교육인적자원부(이하 '교육부')는 최근 특목고 전성기에 재를 뿌리는 획기적인 교육 정책을 발표했다. 김진표 전 교육부총리는 '특목고는 실패한 교육 정책'이라는 전제하에 '외국어고 지역 제한'을 선고했다. 물론 외국어고 관계자들과의 사전 협의 없는 일방 통고였다.

결론부터 말하면 외국어고 지역 제한이 이뤄진다면, 지역

의 범위가 어느 정도이냐에 따라 다소 변화가 있겠지만 대원외고는 '전국 최고의 외국어고'로 자리 잡을 가능성이 높다. 전국 최고 영어 실력을 갖춘 강남 8학군의 학생들이 타지로 빠져나가지 못하게 되고, 실력이 있는 학생들은 톱클래스로 유일한 대원외고로 몰릴 것이기 때문이다.

시도별로 외고 입학 지역 제한을 한다면, 웃는 학교와 우는 학교가 확연히 분리될 것이다.

우는 학교의 대표적인 케이스는 단연 용인외대부속외고이다. 이 학교는 서울 지역 학생이 23%, 경기도가 62%, 타시도 출신이 15%를 차지하는데, 경기도권으로만 지역 제한을 한다면 전국의 우수 학생들을 받아들일 수 없기 때문이다.

신설 명문으로 떠오르는 김포외고의 경우 타 지역 학생이 40% 이상을 차지해 지역 제한에 걸릴 경우 학교의 위상은 떨어질 수밖에 없다.

웃는 학교의 대표적인 케이스는 인천 등 광역시와 지방의 외고들이다. 인천외고 등 인천 소재 외국어고는 우수 학생을 서울 소재의 명덕외고, 용인 소재의 외대부속외고 등으로 다수 빼앗겨 왔는데, 지역 제한이 생기면 우수 학생 유출을 어느 정도 막을 수 있기 때문이다. 지방 외고 역시 마찬가지이다. 또 기숙사가 없는 서울의 대원외고는 힘들지만 전원 기숙사인 용인외고에 최상위권 학생들을 빼앗길 수밖에 없었는데, 지방 인재의 유출을 어느 정도 막을 수 있고, 따라서 지역 외고의 위상이 그만큼 높아질 것이다.

그러나 2006년에 첫 중·고등학교 신입생을 모집한 청심국제학교의 경우는 직격탄을 맞은 것이나 다름이 없다. 신입생을 분석해 보면 학교가 위치한 경기도 가평 출신의 학생은 단 한 명도 없고, 강남을 중심으로 서울 및 경기도 분당 등 수도권 출신들이 대부분이기 때문이다. 만약 경기권으로 지역 제한을 한다면, 여느 학교보다 타격이 훨씬 심할 것이다.

서울 소재의 외고는 학교에 따라 웃고 우는 입장으로 나뉠 것으로 보인다. 대원외고의 경우, 기숙사 운영을 하지 않아 어차피 서울과 경기권의 우수 학생들이 대부분이라는 점을 감안하면, 지역 제한이 강남과 강북으로 축소되지 않는 한 강남을 비롯한 서울 지역의 우수한 학생을 오히려 더 유리한 조건으로(용인외고로의 유출이 없기 때문) 받아들일 수 있다. 그 외 명덕외고, 이화외고, 한영외고, 서울외고, 대일외고 등은 타 시도 학생의 비율이 20%에 이르기 때문에, 특히 경기도권의 우수 학생을 받아들이지 못하는 손실이 발생할 것이다. 특히 명덕외고는 인근의 경기도 일산과 인천광역시의 인재들이 다수 지원을 했었는데, 그 길이 막히면 타격이 꽤 클 것이라는 전망이다.

더불어 서울과 수도권 외국어고는 '상위 학교'와 '하위

학교'의 구분이 확실해질 것이다. 예를 들어 보통 서울 지역의 최상위권 학생들은 대부분 서울의 대원외고와 용인의 외대부속외고로 나뉘어 진학했는데, 지역 제한이 생기면 대부분 대원외고로 몰릴 것이고, 그 결과 대원외고는 서울 소재 외고 중에서도 '최상위'로 위상이 높아지는 반면, 타 학교는 지금보다 격차가 더 벌어질 것이기 때문이다.

여하튼 지역 제한은 전반적으로 외고의 질적 향상에 걸림돌이 될 수밖에 없고, 따라서 외국어고 지망생들이 다수 자립형 사립고나 과학고 등의 우수 학교로 방향을 틀 수도 있다. 이런 점에 비춰 전문가들은 '지역 제한 실시가 확실시된다면, 외국어고 경쟁률이 전반적으로 낮아질 것'이라고 전망한다.

반면, '지역 제한이 이뤄진다면 그 지역으로 이사를 가서라도 목표 학교로 진학시키겠다'고 말할 정도로 교육부 정책에 흥분한 학부모들도 상당수이다. 그러나 외국어고 지역 제한을 발표한 지 채 한 달이 못 되어 각계의 반대에 부딪혀 2년 뒤, 3년 뒤로 밀리더니 현재는 2010년 이후까지 계획이 유보된 상태이다.

'평준화'라는 '빈대'를 잡기 위해 '명문고 싹 죽이기'라는 '초가삼간 태우기'가 과연 이루어질지, 두고 볼 일이다.

Q 특별 전형 중 영어 능력 우수자 전형은 국제어과(영어 전공)만 지원 가능한가?

A 모든 학과에 지원 가능하다

국제어과만을 위한 전형으로 제한하고 있지 않기 때문에 모든 학과에 지원이 가능하다. 따라서 유학을 원하지 않는다면 타 학과를 선택할 수도 있다.

입학 시험은 학생에게 가장 유리한 부문으로 지원하여 시험을 치르고, 학과 선택은 제1지망부터 제5지망까지 입학원서 신청란에 가입하면 된다. 학과 배정은 제1지망 우선순으로 하기 때문에 1지망 선택 학과는 신중하게 기입해야 한다.

Q 특별 전형 학교 성적 우수자 부문의 '중학교 교과 성적 과목별 평균 석차 백분율 8% 이내'의 정확한 의미가 무엇인가?

A '과목별 석차 백분율'과 '석차 백분율'을 혼동하지 말라

간혹 '8%'를 내신 상위 8%(즉 100명 중 8등)라고 착각하는 학부모, 혹은 학생들이 많다.

과목별 평균 석차 백분율이 8% 이내라는 것은 중학교 3학년 1학기 각 과목별 석차 백분율을 합하여 과목 수로 나눈 것을 말한다. 예를 들어 3학년 정원이 100명인 학교에서

국어가 3등, 수학이 1등이면 과목별 석차 백분율은 각각 3%와 1%가 된다. 이 두 과목의 석차 백분율을 합하면 평균 2%가 나온다. 이 2%를 과목별 평균 석차 백분율이라고 한다. 단, 3학년 1학기 전 과목으로 계산해야 한다. 대원외고 홈페이지에 성적 산출 공식이 있으므로 자신의 성적을 대입시키면 구할 수 있다.

Q 학교 성적 우수자 부문에 지원할 경우, 교과 성적 점수는 어떻게 환산하여 적용되나?

A 2학년 1, 2학기, 3학년 1학기 성적 60점으로 환산 반영

지원 자격은 3학년 1학기 성적만 갖고 과목별 평균 석차 백분율을 계산하여 8% 이내가 나오면 주어지지만, 교과 성적 점수는 2학년 1, 2학기와 3학년 1학기 성적이 모두 있어야 지원이 가능하다. 예를 들어 외국에서 공부하고 귀국하여 3학년 1학기 성적만 있다면 지원 자격이 없는 셈이다. 2학년 1, 2학기 성적과 3학년 1학기 전 과목 석차 백분율 성적을 60점으로 환산하여 반영한다.

Q 중학교 내신 성적이 합격의 당락에 미치는 정도는?

A 대원외고는 중학교 내신 실질 탄영률이 높지 않은 편

내신에서 감점치는 석차 백분율 1%와 10%의 점수 차이가 1%에 0.33점 감점이므로 3.3점에 불과하다. 그러나 영어 듣기는 총 45문항이 100점으로 처리되므로 문항당 평균 2.2점이고, 구술 면접은 10문항 50점으로 문항당 평균 5점이므로 내신을 올리려고 노력하기보다는 영어 듣기와 구술 면접에서 한두 개 더 맞는 것이 유리하다.

실제로 과목별 석차 백분율이 20%인 학생이 영어 듣기에서 1개, 구술 면접에서 2개를 틀려 합격했고, 과목별 석차 백분율이 5%인 학생이 듣기에서 5개, 구술 면접에서 3개를 틀려 불합격된 사례가 있는 등, 학교 성적에서는 불리하지만 듣기와 구술 면접 시험을 잘 봐서 만회한 경우가 많다.

대원외고 관계자는 학부모와 학생들이 가장 궁금해하는 것 중의 하나가 "몇 등을 해야 대원외고에 갈 수 있느냐?" 라고 말한다. 앞서 말한 것처럼 내신이 당락을 좌우하는 요소가 아닌 것은 맞지만, 보통 전교 석차 10등 이내에 드는 학생 중 문과 지망생이면 대부분 대원외고를 한 번쯤 생각해 보는 추세이고, 턱없이 학교 성적이 뒤떨어지는 학생이 대원외고를 지원하는 경우는 거의 없는 실정이다. 강남권에서는 학력이 높은 만큼 대원외고 지망생의 층이 두터운 편이어서 전교 등수로 상위 20%까지도 지망을 하고, 비강남

지역에서는 보통 상위 5% 안에 드는 학생들이 지망을 하는 것으로 알려져 있다.

3학년 1학기 성적은 별도로 국어, 영어, 수학, 사회 네 과목에 한해서 가중치 점수를 부여한다. 따라서 2학년과 3학년 1학기까지의 전 과목 성적 관리를 잘 하되, 특히 3학년 1학기 주요 네 과목 관리는 보다 철저히 해 두어야 내신 점수에서 유리하다.

Q 특별 전형과 일반 전형의 전공 학과 배정 방법은?

A 총점에서 동점자일 경우 영어 듣기―구술 면접 총점 순으로

특별 전형의 외국어 능력 우수자(독일어, 프랑스어, 스페인어, 중국어, 일본어) 부문은 제1지망 전공으로 우선 배정하고, 기타 부문의 지원자는 총점에서 동점자일 경우 영어 듣기와 구술 면접 총점 순으로 지망 학과를 우선 배정한다.

일반 전형은 중학교 내신 성적과 영어 듣기 점수, 구술 면접 점수를 합한 총점의 순으로 1지망 우선순위로 전공 학과를 배정한다. 역시 동점자인 경우 듣기와 구술 면접 합산 점수 순으로 배정한다.

영어 전공 국제어과 3개 반은 모두 유학반이 되며, 특별 전형에서 65명을 뽑고, 나머지 40명은 일반 전형에서 선발한다.

Q 다른 기관에서 주최한 영어 경시대회에서 입상을 하면 경시대회 수상자 부문에 지원 가능한가?

A 지원 자격이 없다

국내에서 시행되는 영어 경시대회는 규모나 성격에서 차이가 많기 때문에 기준점을 세우는 데 어려움이 많다는 점을 감안, 대원외고에서 시행하는 국제영어대회(IET) 전국 본상 수상자(대상, 금상, 은상, 동상까지)와 국제영어논술대회(IEEC) 전국 본상 수상자에 한해서 경시대회 수상자 부문에 지원 자격을 부여한다.

Q 특별 전형에서 토플과 텝스의 점수에 따라 가산점이 주어지는가?

A 국제어과의 국제화 전형 부문만 주어진다

국제어과의 국제화 전형에 지원할 경우, 토플과 텝스의 점수에 따른 가산점이 2007년 신입생부터 주어질 예정이다. 30점, 28점, 26점으로 차등 부여된다. 따라서 고득점자일수록 높은 점수를 받을 수 있다.

그러나 동·서양어과의 영어 능력 우수자 전형에서는 토플과 텝스 점수가 지원 자격으로 적용이 될 뿐 가산점이 주어지지는 않는다.

Q 일반 고등학교에서의 전입이 가능한가?

A 가능하다

그러나 결원이 있어야 하고, 전입 시험에 합격해야 한다. 다른 학교로 가거나 자퇴, 부모의 해외 근무 등으로 연중 20~30명의 결원이 발생한다.

시험 과목은 국어, 영어, 수학 세 과목이고, 각각 100점씩이 기준이다. 영어는 범위가 없고, 국어와 수학은 해당 학년 수준의 문제로 수능형과 내신형이 모두 출제된다. 동점자는 영어, 수학, 국어 순으로 처리한다.

전입은 원칙상 고등학교 2학년 1학기까지 가능하며, 해외에서 오는 편입은 3학년 1, 2학기에도 가능하다. 전입이나 편입 의사가 있는 학생은 대원외고 측과 상담을 통해 대기자 명단에 올라가며 일정이 확정되는 대로 시험 날짜를 연락해 준다. 대원외고에 낙방한 학생들이 재도전하기도 하며, 일반 고등학교에 다니다가 응시하는 학생들도 있다. 경쟁률은 수시로 바뀌는데, 3명 선발에 지원자가 10명인 때도, 20명이 넘는 때도 있다.

매년 전입 고사는 평균 3~4회 치러진다. 2006년도에는 4월과 7월, 8월에 세 차례 치렀다.

전입과 편입 시험 대비를 위해 학원에 다니거나 개별 지도를 통해 준비하기도 한다. 기출 문제는 대원외고 홈페이지 '입학 안내—자료실'에서 볼 수 있다.

Q 2008년 서울대학교 입시에서 대원외고 학생들이 불리하
지는 않을까?

A 불리하지 않다

불리하게 생각하는 요인은 '내신' 때문이다. 일반 고등학
교에 비해 내신이 불리한 것은 사실이다. 또한 어문 계열로
의 진학이 원칙이며 동일계 진학 시 6등급까지 만점 처리를
해 준다는 교육부의 2008년 대입 원칙으로 인해 불안감을
갖는 학생들이 많다.

그러나 어문 계열 외의 학과로 진학할 때의 불이익은
2008년 이후에도 없으며 교육부 방침대로 어문학 계열로
진학할 경우 내신에서 특혜를 준다면 오히려 이전에 없었던
이익까지 얻을 수 있으므로 현재보다 불리해지진 않는다
(1996년 동일계 진학 특혜가 있을 당시 202명 합격).

또한 서울대는 2008년부터 1/3 지역 균형 선발, 1/3 특
기자 전형, 1/3 정시(논·구술 위주)로 선발할 예정이라고
밝혔는데, 이런 구조라면 대원외고생들에게 유리할 수밖에
없다. 지역 균형 선발은 불리하지만, 그 나머지 66% 조건
에는 불리하지 않다. 수학, 과학, 외국어 분야의 특기자를
대상으로 뽑는 특기자 전형은 외국어 분야에서 외고생들이
독식하다시피 할 것이다. 또한 내신과 수능은 약화되고
논·구술 위주로 선발하는 정시 또한 외고생들이 유리하다.
일반 학교보다 특강 등을 통해 심층적인 교육이 이루어지기

도 하고, 고입 선발 고사 때 이미 수준 높은 통합형 논·구술 공부와 시험 응시의 경험이 있기 때문에 대입 논술과 구술 면접의 스타트 시점이 일반 학교 출신 학생들에 비해 앞서기 때문이다.

Q 외국에서 중학교를 다니다 오면 꼭 특례로만 가야 하나?

A 특별 전형에서는 성적 우수자 전형만 불가능

한영외고와 외대부속외고 등 몇몇 학교는 외국 학교 성적을 인정해 주고 있고, 점차 인정해 주는 학교 또한 늘어나고 있는 추세이지만, 대원외고의 기본 원칙은 외국 학교 성적을 인정해 주지 않는다.

따라서 대원외고의 경우, 내신이 반영되는 2학년 1, 2학기와 3학년 1학기 중 단 한 학기라도 국내 학교의 성적이 없다면 특별 전형에서는 내신이 전형 요소로 반영되는 성적 우수자 전형을 제외하고 모두 지원할 수 있다.

특별 전형에서 떨어지면 일반 전형으로는 내신 성적이 없기 때문에 일반 전형의 특례 입학 대상자 전형으로 응시를 해야 한다. 참고로 특례는 중학교 1년을 포함해 2년 이상 부모와 함께 외국에서 거주해야 하고, 개인 사업이나 유학은 안 되며 외교관, 상사 주재원, 특파원 등 국가가 인정하는 공적인 일이어야 특례 대상이 된다. 특례는 정원 외

2%(대원은 8명)를 선발한다.

　그러나 특례는 뽑는 인원이 8경으로 제한되어 있는데, 지원자가 많아서 평균 7~8:1의 높은 경쟁률을 보인다. 특례는 일반 전형과 같은 문제로 같은 날 시험을 보기 때문에, 특례에서 떨어지면 더 이상 지원의 기회가 없다. 영어 듣기와 구술 면접 점수가 일반 전형에 지원한 학생들보다 높다고 해도, 특례 대상자끼리 경쟁하는 것이므로 합격 처리가 되지 않는다.

　따라서 되도록 특례 대상자라고 하더라도 특례가 아닌 특별 전형이나 혹은 일반 전형에 지원하는 것이 유리하다.

　중2부터 중3 1학기까지 국내에서 한 학기의 성적만 갖고 있다면 세 학기의 성적을 모두 인정받을 수 있기 때문에('석차 연명부'로 한 학기의 성적을 똑같이 나머지 학기에 적용), 내신이 필요한 특별 전형의 성적 우수자 부문이나 일반 전형에도 지원이 가능하다.

　내신이 과목별 석차 백분율 20% 이내에 든다고 하면 최대 6.6점 감점된다고 하더라도 듣기와 구술 면접에서 만회할 가능성이 있지만, 30~40%까지 밀려 나가면 내신 감점이 너무 많아져 위험하므로 특례로 지원할 수밖에 없다.

　참고로 최근엔 중국 등 비영어권 나라에서 인터내셔널 스쿨을 다녔거나 미국 등 영어권 나라에서 4~5년 정도 학교를 다니다가 3학년 여름방학 때 귀국해 바로 특별 전형에 응시하거나, 또는 3학년 1학기만 다니고 특별 전형이나 일반 전형에 응시한 학생 중에서도 최대 난관인 구술 면접에서 고득점을 받는 경우가 늘어나고 있다. 해외 현지에 퍼져 있는 학원과 과외 등 사교육을 이용해 체계적으로 한국에서만큼 외고 대비 듣기와 더불어 구술 면접 준비를 하고 들어오는 경우가 많기 때문이다.

대원외고는 특별 전형에서도 구술 면접을 대부분 치르는데, 그 이유는 '영어만 잘하는 학생보다는 다방면에 걸쳐 능력 있는 학생을 원한다' 는 선발 원칙 때문이다.

Q 유학반에서 국내 대학의 국제학부로 지원할 수 있나?

A 가능하다

외고의 유학반은 유학을 갈 외국 대학의 시스템에 맞춰 공부한다. 정규 과정에서 SAT 1과 SAT 2에 필요한 과목을 공부할 수 있고, AP까지도 준비한다.

그러나 유학반에서 공부하다가 여러 가지 이유로 국내 대학을 진학하게 될 경우에는 고려대, 연세대 등 국제학부로의 진학이 가능하다. 국내 대학이지만 영어로 강의를 하는 등 외국 대학 수준으로 공부를 하는 국제학부는 내신과 영어 에세이, 영어 인터뷰 중심으로 선발하는데, 내신에서는 약간 불리하지만 비중이 크지 않고, 영어능력평가에서는 준비가 잘 되어 있으므로 국내 학생들에 비해서는 유리한 편이다. 외국 대학은 내신을 A, B, C, D 등으로 평가하기 때문에 평균 90점 이상만 받으면 된다.

국내 대학에 합격하면 해외 대학 추천서는 써 주지 않는다는 원칙이 있으므로 이 점을 유의해 판단해야 한다.

Q 특별 전형의 경시대회 전형이 없어진다는 말이 있던데……
A 폐지될 가능성이 높다

2007년 기준 특별 전형의 경시대회 수상자는 총 15명(국제어과 8명, 동·서양어과 7명)이 해당된다. 국제영어대회(IET)와 국제영어논술대회(IEEC)가 해당 경시대회인데, 워낙 수상자 수가 적어서 실제 경쟁률은 미미한 편이다.

IET는 대원외고와 미국 조지워싱턴대학이 공동으로 개최하며 현재 세계 12개국이 참가하는 국제영어대회로, 2000년도에 시작해 2006년도까지 7회에 걸쳐 총 20만 명 이상이 참가했다. 매년 인증 평가(평가 영역: 듣기, 읽기, 어휘, 문법)가 시행되며, 인증 평가에서 우수한 성적으로 선발된 학생이 심층 평가(평가 영역: Essay, Interview)에 나가게 된다. 인증 평가 결과로 지역상(대상, 금상, 은상, 동상 및 장려상)이 수여되고, 인증 평가와 심층 평가 결과로 전국상(대상, 금상, 은상 및 동상)이 수여된다.

2007년 입학 전형을 예로 들면, 특별 전형에서 경시대회 수상자 부문의 지원 자격은 2005년도 IET 본상 수상자 및 지역별 대상 수상자 중 2006년 본상 및 지역별 대상 수상자, 2005년도 국제영어논술대회 본상 수상자 중 2006년 본상 수상자로 규정된다.

그런데 교육 당국은 경시대회 수상자 전형이 사교육을 조장할 수 있다는 이유로 지속적으로 문제 제기를 해 오고 있다. 따라서 이미 경시대회에 참가한 학생들에게는 약속한 대로 혜택을 주어야 하기 때문에 당분간 지속이 되겠지만, 경시대회 수상자 전형 자체가 없어질 수도 있다.

따라서 경시대회 수상을 목표로 미리 준비하고 있다면, 학교 측에 자세히 물어본 뒤 변화되는 상황에 맞춰 대처하는 것이 좋다.

경시대회 전형이 없어진다고 해서 IET의 중요성이 완전히 사라진 것은 아니다.

현재 대원외고에는 '글로벌 리더 인증제'라는 것이 있는데 리더십 교육, 봉사 활동과 더불어 영어 능력 자격 요건이 있다. 토플은 230점 이상, IET는 3급 자격증이 있는 학생에게 학교 측에서 글로벌 리더 인증서를 발급해 준다.

글로벌 리더 인증서는 대학 원서를 쓸 때 학교생활기록부의 비교과 영역에 비중 있게 게재되는 항목이고, 수시의 특기자 전형 등에 비중 있게 첨부되는 개인 자료이기도 하다.

따라서 대원외고 입학 후에도 IET 3급 이상의 자격증은 유효하다.

이와 더불어 학교 측에서는 토플을 특기 적성 시간에 지도하는데, 1학년까지 토플 200점 이상, IET 5급 이상, 2, 3학년 토플 220점 이상, IET 4급 이상을 기본적으로 취득하도록 교육시키고 있다.

또한 대원외고 측에서는 교육부의 제재 조치를 피하면서 IET를 최대한 고수하고자 2006년부터 비상조치를 취하고 있다. 이는 입학 요강 등에 공식적으로 게재가 되지 않아서 아마도 이 책을 읽는 독자들에게 그야말로 숨은 정보가 되지 않을까 싶다.

2007년부터는 자기소개서를 제출하게 되어 있는데, 자기소개서에는 자신의 외국어 능력, 즉 IET 등급과 토플, 텝스 점수를 기록하게 되어 있다. 이의에 국제 규모의 경시대회 수상 실적도 기록할 수 있는데, IET는 국제영어대회이다.

특별 전형과 일반 전형에서 치러지는 구술 면접의 점수는 특별 전형이 30점, 일반 전형이 50점으로 처리되는데, 2007년부터 이 점수에 자기소개서 점수도 일부 포함될 예정이다.

자기소개서는 구술 면접을 치를 때 현장에서 기록해 제출한다. 따라서 경시대회 수상자 전형이 철회되더라도 IET 대회에 참가하여 우수한 성적을 거뒀다면 구술 면접의 자기소개서란에서 가산점을 받을 수 있게 된다. 예전에는 IET 수상자나 몇 급 이상을 획득한 학생에게만 지원 자격이 주어지거나 가산점이 부여됐지만, 지금은 대원외고를 지원하는 모든 학생들이 자기소개서를 쓰게 되어 IET 시험에 응시하는 것이 비응시자보다 더 유리하게 될 것이고, 그러므로 IET의 효력은 앞으로도 계속 지속될 것이다.

또한 지금까지는 IET를 대원외고 단독으로 주최해 왔는데, 2006년에 전국의 많은 외고들이 지역별 주관 학교로 지정되어 전국적인 네트워크를 형성하게 되었다. 학교에 따라 약간의 차이는 있지만, 입시에 반영될 예정이다. 따라서 대원외고뿐만 아니라 각 지역의 IET 관련 외고에 응시할 예정이라면 IET 수상 실적을 쌓아 놓으면 그만큼 유리할 것이라고 관계자들은 전망한다.

지역별 IET 주관 외국어고등학교

지역	외국어고
서울	대원, 명덕, 서울
경기	고양, 안양
인천	인천
대전, 충남	대전
전북	전북
전남, 광주	전남
제주	제주
경남, 마산, 울산	경남
부산	부산
경북	경북
대구	대구

2007년부터 도입되는 자기소개서 양식

자 기 소 개 서

접수 번호		※수험 번호 (본교에서 기재함)	
성 명		주민등록번호	
출신 중학교		지원 부문	

영어 능력 (중학교 재학 중 가장 우수한 성적 기재)	종 류		응시 연도	점수 및 등급
	IET		년	급
	TOFEL	CBT	년	점
		IBT	년	점
	TEPS		년	점

(중학교 재학 중) 외국어 관련 국제 대회 수상 실적	참가 연도	참가 대회명	수상 실적
	년		
	년		

성장 과정, 지원 동기, 장래 목표, 특별한 소질 및 재능, 학교 활동 상황 등을 기재해 주십시오.

※ 증빙 서류는 복사(학교장 원본 대조필)하여 첨부
※ 자필 또는 컴퓨터로 작성(출력시 1면을 초과하지 않도록 유의함)

대원외국어고등학교

Q 매일 늦게야 귀가한다던데……

A 자율 학습 후 귀가 시간은 저녁 11시 이후

학교 전체 수업 일정은 오전 7시 30분부터 8시 30분까지 오전 자율 학습(독서와 CNN 청취 포함), 오후 5시까지의 정규 수업을 마치고, 저녁 식사 후 오후 6시부터 저녁 10시까지 야간 자율 학습으로 이뤄진다. 스쿨버스 타는 시간을 기준으로 하면 등교 시간은 오전 6시 15분 전후, 귀가 시간은 저녁 11시쯤 된다. 아침과 저녁 자율 학습은 특별한 사유가 없는 한 모두 참여하는 것이 원칙이다. 수요일은 오후 4시, 토요일은 정오에 끝나기 때문에, 개인적으로 보충해야 할 과목은 이날 집중적으로 학원에 가는 등 사교육을 받는 학생들이 많다.

Q 야간 자율 학습 시간을 빼먹을 순 없나?

A 결원이 거의 없는 편

몸이 아프거나 집안의 경조사 등 특별한 이유가 아닐 때(학원 수강)는 무단 외출을 엄격하게 금한다. 타 외고에서는 개인적인 사유(학원 출석 등)로 절반 이상이 자율 학습을 빠진다고 하는데, 대원외고는 엄한 편이다. 그래서 대부분 학원, 개인 레슨 등의 사교육은 야간 자율 학습이 없는 수요일과 주말에 이뤄진다. 이런 이유로 1주일 내내 대원외고생의

얼굴 보기는 하늘의 별 따기만큼이나 어렵다는 말이 생길 정도이다.

Q 교칙이 엄하다고 하던데……

A SLG 카드제를 적용

SLG 카드(일종의 선도 카드) 발급 회차가 거듭될수록 불이익을 감수해야 한다. 1회는 경고 및 주의 조치를 하고, 2회 이상인 경우 봉사 활동, 각서 제출 등의 과정을 거쳐야 한다. 벌칙보다는 SLG 발급으로 인해 야기되는 여러 가지 불이익이 더 무섭다. 3회 이상 발급받으면 학교 임원 및 장학금 대상에서 제외되며, 1회만 발급받아도 모범 학생 대상에서 제외된다. 3회 이상 발급 시 6월과 11월에 실시하는 글로벌 리더 인증 자격증도 받을 수 없다. 교사의 학생 구타, 폭언 등은 일반 학교보다 훨씬 적은 편이다.

Q 대원의 '글로벌 리더 인증서'가 대학 입학에 도움이 될까?

A '세계적인 지도자의 자질을 갖추어 미래의 CEO에 도전한다' 는 것이 인증제 도입의 취지

글로벌 리더의 조건을 갖춘 학생을 위원회에서 개별 심사를 거쳐 글로벌 리더 인증서를 발급한다.

대원외고에서 1학년 여름방학 때 개최하는 CDE(어학연수 및 문화 탐방) 활동, 학생 간부 수련회 참가, 외부 리더십 교육 센터 이수, 학교에서 여름과 겨울방학 때 3일 27시간 동안 진행되는 리더십 교육 등의 과정을 통해 리더십 교육을 20시간 이상 연수, 영어 능력 자격(토플 230점 이상, IET 3급 이상), 봉사 활동 총 80시간 이상의 자격을 갖춘 학생이 인증서 지급 대상자이다.

대원외고의 벌칙 카드인 SLG 카드가 3회 이하이며 교내 봉사 이상의 처벌이 없어야 하는 것도 자격 요건이다.

최근 봉사 활동 100시간이 넘어서 인증제를 받았다는 K군은 "처음엔 봉사 활동 점수 따려고 집 근처 노인 요양 시설에서 한 번에 5시간씩 봉사 활동을 했어요. 그런데 꾸준히 하다 보니 이제 점수와는 상관없이 보람을 느껴서 시간을 채운 후에도 계속하고 있어요. 학교에서 권장하는 봉사 활동 시간은 연 20시간이고, 인증서를 받으려면 80시간 이상 해야 하는데, 저는 100시간을 넘겼어요"라고 말한다.

대원외고생들은 글로벌 리더 인증서를 받으려고 노력한다. 학교생활기록부에 게재가 되고, 대학 입학 때 참고 사항의 역할을 하기 때문이다.

"점수가 비슷했을 때 아무래도 눈에 띄는 활동 기록이 보탬이 될 것이라는 기대감으로 글로벌 리더 인증서를 받으려고 노력해요. 실제로 학교에서도 그런 기대감을 주면서 학생들에게 인증서를 받아 놓으라고 권장하지요."

Q 스쿨버스 운영은?

  A 총 13개 노선 운영

  쌍문동, 수서, 신림동, 신정동, 개포동, 우면동, 문정동,
경기도 안양과 과천 등 총 13개의 노선으로 운행된다. 탑승
시간은 보통 오전 6시 15분~6시 25분으로 버스비는 6개월
분이 60만 원 선이다.

Q 학비는?

  A 국내반 기준 60만 원 + α

  입학할 때 입학금과 교재비, 수업료 등을 포함해 230만
원 정도가 들며, 여기에 개인 사물함 비용(3년 동안 사용하고
폐기) 8만 원이 추가되었으나, 올해부터 개인 사물함을 학
교에서 반영구적인 제품으로 모두 설치해 2007년부터는 개
인 사물함 비용은 제외된다. 6개월치 스쿨버스 비용을 포
함, 교재비, 보충 학습비 등을 포함한 학비는 월 평균 국내
반 기준 50~60만 원이고, 국제반은 기본 학비 외에 별도로
월 30만 원 안팎의 수업료를 더 내야 한다. 그러나 이는 자
료상의 학비 수치일 뿐, 방학 중의 해외 어학연수, 동아리

활동, 특강 비용 등이 더 보태지며, 여기에 대부분 학생들이 수준 높은 사교육을 받기 때문에 적게는 월 2백만 원, 많게는 3백만 원 이상이 소요된다고 학부모들은 말한다.

Q 수행평가 비율이 높다던데……

   A 모든 교과의 60%를 차지

비교적 수행평가 반영 비율이 높은 편이다. 학기별 내신 반영 비율이 수행평가 60% + 중간고사 20% + 기말고사 20%로 적용되며, 수업 태도, 과제물의 성실도 등에 따라 수행평가가 결정된다. 모두들 점수에 민감하기 때문에 수행평가 때문에라도 수업 시간에 딴 짓을 하거나 과제물을 빼먹는 등의 실수는 하지 않으려고 노력한다.

Q 1학년 입학 전 놀 시간이 없다고 하던데……

   A 대원외고 합격생 중 입학 시험이 끝나고 해외여행을 계획했다가 취소하는 일이 빈번

겨울방학 3개월 동안 DAT(Daewon Achievement Test), 즉 학력진단평가를 치러야 하기 때문이다. 12월~2월에 총 3회의 시험이 치러지며, 총 400점 만점에 국어(100점), 수학(200점), 영어(100점) 등 주요 과목 중심으로 치른다. 시

험 보기 전 학교 측에서 공부할 내용이 담긴 프린트물을 나눠 주기는 하는데, 대부분 이 시험을 위해 학원에 다니면서 공부하는 경우가 많다. 아무래도 입학 첫 시험이어서 긴장을 늦출 수가 없기 때문인 듯하다. DAT 성적은 반 편성과 장학금 수여(70등까지)에 활용되는 정도이다. 더불어 학원에 다니면서 고등학교 1학년 선행 학습 또는 과목별 심화 보충 학습을 하느라 더 바쁜 학생들도 많다고 한다.

대원외고 2005~2006년 구술 면접 & 영어 듣기 & 영어 에세이 문제 유형 분석 및 영역별 공부법

2년간의 구술 면접 문제를 종합적으로 분석하고, 학습 방향을 제시했다.
기출 문제를 분석하고, 중학교 교과서와 어떻게 연계되어 있는지를 밝혔고,
그에 맞는 학습 방향까지 제시했다. 더불어 영어 듣기평가의 분석과 학습 방향,
특별 전형에서 비중이 점점 높아지고 있는 '영어 에세이'의
모범 답안과 대비법도 함께 수록했다.

부록 2

대원외고 2005~2006년 구술면접 & 영어 듣기 & 영어 에세이 문제 유형분석 및 영역별 공부법이 자료는 매우 귀한 것임을 미리 밝혀 둔다.

시중 서점이나 학원에서 구할 수 있는 기출 문제집과는
다르게, 최근 2개년 기출 문제를 영역별로 문항마다 분석한
자료이기 때문에 찾아보기 어려울 것이다.

2년 전부터 서울 지역 6개 외고에서는 문제 유출 등의 후
유증을 예방하기 위해 각 학교에서 출제한 문제를 섞어서
그 문제 중에 10문제씩을 골라 각 학교마다 출제하고 있다.

언어, 사회, 창의사고력, 영어 등 네 가지 영역이 통합형

문제로 출제되는데, '구술 면접 10문항이 당락을 좌우한다'고 할 정도로 구술 면접의 비중이 높아지고 있다.

이렇듯 구술 면접의 중요성이 커진 만큼 학부모와 학생들은 구술 면접에 어떤 문제가 나오는지 매우 궁금해 한다.

여기에서는 2년간의 구술 면접 문제를 종합적으로 분석하고, 학습 방향까지 제시했다. 따라서 외고를 대비해 준비하는 모든 학생들에게 그 어떤 자료보다 듬직한 도우미 역할을 해 줄 것이다.

기출 문제를 분석하고, 이어서 중학교 교과서와 어떻게 연계되어 있는지에 대해 밝혔고, 이어 그에 맞는 학습 방향까지 제시했다. 더불어 영어 듣기평가의 분석과 학습 방향, 특별 전형에서 비중이 높아지고 있는 '영어 에세이'의 모범답안과 대비법도 함께 수록했다.

이 자료는 외고 전문 대비 학원으로 유명한 토피아 학원(이사장 김석환)에서 제공했다. 토피아 학원은 다년간 많은 학생들을 외고 및 특목고에 합격시켜 왔고, 그 누적된 입시 노하우로 인해 기출 문제 분석이 가능했다. 필자가 접해 본 외고 기출 문제 분석 자료로는 가장 꼼꼼하고 정확했다. '외고 합격의 지존'이라는 닉네임까지 얻을 정도로 대원외고를 비롯한 외고 입시 관련 유명세를 타고 있는 전문 학원이어서, 이 자료는 대원외고를 비롯 전국의 외고 입시를 준비하는 많은 학생들에게 적지 않은 도움을 줄 것이다.

언어 구술

(1) 문항 분석

2005년 특별 전형 기출 문제(10문제 중 3문항)

문제 유형	문제 내용
주제문 작성 방법	주제를 한 문장으로 가장 잘 제시한 사람을 고르고 이유를 설명하는 문제
시 감상 및 해석	2학년 국어 교과서에 나오는 시 〈가정〉에서 제시한 시어와 유사한 의미의 시어를 [보기]의 시에서 고르는 문제
오류에 대한 문제	어떤 상황을 주고 가장 논리적으로 타당하게 말한 사람을 고르고 그 이유를 설명하는 문제

2005년 일반 전형 기출 문제(10문제 중 3문제 출제)

문제 유형	문제 내용
시의 감상	보기의 시를 읽고 시의 내용에 대한 그림을 가장 잘 그린 사람을 고르고 이유를 말하는 문제
어법	주어진 문장들 중 고쳐 쓰기가 필요하지 않은 문장을 고르고, 고쳐 쓰기가 필요한 문장들의 이유를 말하는 문제
언어(종합 사고형)	낱말 퍼즐을 이용해 보기의 단어들을 조합하여 한자 성어를 말하고 제시된 신문 자료와 관련지어 적절하게 말한 사람을 고르는 문제

2006년 특별 전형 기출 문제(10문제 중 1문제 출제)

문제 유형	문제 내용
문학 작품 감상 방법	오영진 《시집가는 날》 3-1 5(2) 단원 교과서 지문 -[보기] 내용: 예술 감상 방법 중 작품에 등장하는 인물을 중심으로 접근하여 예술 감상의 의미를 찾음 -[보기]의 내용과 어울리는 감상 내용 찾기

2006년 일반 전형 기출 문제(10문제 중 2문제 출제)

문제 유형	문제 내용
시 감상 및 상황에 따른 작품 해석	선생님이 칠판에 적은 시를 통해 알 수 있는 내용을 적절히 해석한 학생 찾기
쓰기 유형(자료 해석)	표를 활용하여 글쓰기 계획을 가장 잘 세운 사람을 고르는 문제

(2) 대원외고 2개년간 언어 구술 핵심 유형 문제

2005년 언어 구술 기출 문제(특별 전형)

[문제] 학생들과 함께 박목월의 〈가정〉을 감상하시던 선생님이 '강아지'에 밑줄을 긋고 [보기]의 시를 보여 주시며 '강아지'의 이미지와 가장 닮은 시어를 찾아보라고 하셨습니다. 무엇일까요? 그리고 그 이유를 간단히 말하세요.

아랫목에 모인 / 아홉 마리의 강아지야. / 강아지 같은 것들아.

굴욕과 굶주림과 추운 길을 걸어 / 내가 왔다. / 아버지가 왔다.

아니 십 구문 반의 신발이 왔다. / 아니 지상에는 아버지라는 어설픈 것이 / 존재한다.

미소하는 / 내 얼굴을 보아라.

눈보라 비껴가는　　　　　全 - 群 - 街 - 道

퍼뜩 차창(車窓)으로　　　스쳐 가는 인정(人情)아

외딴집 섬돌에 놓인

하나
　둘
세 켤레

참고: 보기 작품 제목- 장순하 〈그무신〉

[해답]: 둘

[해설]: 박목월 〈가정〉에서 '강아지'의 의미- 자식들을 가리키는 의미를 함축
장순하의 〈고무신〉의 시어 분석 '하나'- 성인 남자의 신발(가장, 아버지를 의미)
'둘'- 아이의 신발(자녀를 의미) '세 켤레'- 성인 여자의 신발(아내를 의미)

<분석 & 학습 방향> 중학교 과정에서 배우는 시와 교과 과정에서 다르어
지지 않은 시를 비교 감상하는 문제로 난이도 높은 편이었다. 실제 중학교 3
학년 학생들의 경우 교과서 되 문학 작품 감상에 대해 어려워하는 편이다. 따
라서 교과서에 나오는 시 외에도 시인의 다른 작품을 찾아 읽거나 다른 시인
의 작품을 평소에 읽고 감상하는 습관을 갖는 것이 좋다.

2006년 언어 구술 기출 문제(일반 전형)

[문제] 종례 시간에 담임선생님께서 어두운 표정으로 다음과 같은 시 한 편
을 칠판에 써 놓고 나가셨다. 다음 날 학급회의 시간, 반 아이들이 모두 함
께 선생님의 표정을 걱정하며 '우리 반의 문제점'이라는 즈제로 토의하였
다. 다음 중 선생님의 고민을 가장 잘 이해한 사람은 누구인지 말하고, 그
이유를 간단하게 설명하시오.

〈선생님이 써 주신 시〉
도롱이옷 풀빛과 뒤섞여 있어

백로가 시냇가로 내려앉았네

놀라서 날아갈까 염려가 되어

일어날까 다시금 가만있었지

* 도롱이: 짚이나 풀로 엮은 옛날 비옷

현주: 지난번 우리 반 중간고사 성적이 너무 안 좋았잖아. 그날 교무실에 청소하러 갔다가 성적 일람표를 펼쳐 놓고 골똘히 생각에 잠겨 계시는 선생님을 보았어. 몹시 낙담한 표정이셨어. 사실 요즘 우리 반 너무 노는 데만 정신 팔고 있었다는 생각 안 드니?

미란: 글쎄. 나부터 반성해야겠지만, 지난번에 우연히 담임선생님과 학생부장 선생님이 말씀 나누시는 걸 들었어. 우리 반에 유독 지각생이 많다는 내용이었어. 담임선생님은 몹시 난처한 표정이셨는데 그때 참 찔렸어. 얘들아, 우리 지각하지 말자!

영숙: 나는 청소 시간마다 왠지 죄송스러운 마음이 많이 들어. 왜, 우리는 대강 해 놓고 놀 생각만 하고 뒷마무리는 선생님께서 다 하시잖아. 사실 주변이 할 일을 제대로 하는 것도 아니고. 선생님께선 뭔가 우리들의 책임감에 대해 꾸짖고 싶으셨던 게 아닐까?

면수: 난 좀 다른 생각이야. 우리 반 급훈이 '섬기는 마음'이잖아. 선생님은 '섬김'이 '굽힘'이 아니라 '사랑'이라고 하셨어. 난 왠지 요즘 우리 반이 예전처럼 화목하지 않다는 생각이 들어. 그게 다 우리가 서로를 배려하는 마음이 너무 부족하기 때문이 아닐까?

태원: 다들 너무 심각하게 생각하는 거 아냐? 지난주 백일장 하러 공원에 나갔을

때, 우리 정말 즐거웠잖아. 선생님께서 안 끼워 준다고 샅을 내실 만큼 우리 모습에 기뻐하셨고. 아마도 공부에만 찌들지 말고 주말엔 저 자연으로 떠나 보라는 멘트였을 거야.

[해답]: 면수
[해설]: 〔보기〕의 시는 조선 후기의 시인 이양연(李亮淵)의 〈백로(白鷺)〉라는 작품으로, 도롱이를 입은 농부가 풀숲에 내려앉은 백로가 놀랄까 봐 그대로 앉아 있었다는 내용이다. 이 시는 하찮은 미물이지만 대상을 배려하는 마음기 잘 나타난 시이다. 따라서 '면수'의 말이 가장 적절하다고 할 수 있다.

<분석 & 학습 방향> 2005년과 마찬가지로 시 감상에 대한 문제가 출제되었다. 대원외고의 경우 다른 학교들과 달리 문학에 대한 감상에 관한 내용을 2005년, 2006년에 이어 계속 출제하고 있다.

<언어 구술 총평>

언어 구술의 문항을 다각도로 분석해 볼 때, 대원외고 언어 구술의 문제 유형은 문학 감상 및 해석을 묻는 문제가 주로 출제된다고 볼 수 있다. 뿐만 아니라 수능 쓰기 유형의 문제 유형도 매해 출제되고 있다. 따라서 평소에 교과서에 게재된 문학 작품을 정독하고, 일부 지문만 게재된 작품은 원문을 찾아 읽는다. 또한 자신이 좋아하는 분야가 소설이라고 해도 소설 작품만 골라서 읽는 등의 편독을 하기보다는 교과서에 게재된 장르별 작품(소설, 시 등)을 다양하게 찾아서 읽고 작품 분석의 눈을 키우는 것이 유리하다.

통합사회 구술

(1) 대원외고 2005~2006년 구술 면접 문제 유형 분석

2005년 특별 전형 기출 문제

문제 유형	문제 내용	관련 교과 내용
제시문 분석 문제	행동 심리와 관련된 법칙 네 가지를 제시하고 주어진 제시문과 일치하는 보기를 선택하시오	사회과 교과 내용과 무관함
경제 용어 이해	스태그플레이션에 대한 제시문을 보여 주고 용어와 원인을 적으시오	고1 일반사회 경제 부문에서 다룸

2005년 일반 전형 기출 문제

문제 유형	문제 내용	관련 교과 내용
경제 체제 이해	헌법을 제시하고 우리나라 경제 체제의 특성을 바르게 이해한 모둠을 선택하시오 (수정자본주의 특성 이해 필요)	중3 경제 부문에서 다룸
왕권 강화와 관련된 역사적 사건 파악	통일신라 중기와 중국의 사료를 제시하고 고려와 조선의 사건들 중 왕권 강화와 관련된 문항을 모두 고르시오	중2, 중3 국사 부문에서 다룸
지리 주관식	제시된 지리 자료 세 가지의 공통점을 고르시오	중1 지리에서 다룸

2006년 특별 전형 기출 문제

문제 유형	문제 내용	관련 교과 내용
시사 용어 문제	제시문을 읽고 용어를 쓰시오 (유비쿼터스)	교과 관련 없음
사회 용어 문제	제시문을 읽고 사회 현상을 쓰시오 (님비, 핌피 현상)	중1 사회, 중3 정치에서 다룸
최근 이슈와 세계사의 결합 문제	개똥녀(시사)와 중세 교황의 자료를 제시하고 공통으로 들어갈 단어를 쓰시오(마녀사냥)	마녀사냥은 중2 세계사에서 간접적으로 다루어짐

2006년 일반 전형 기출 문제

문제 유형	문제 내용	관련 교과 내용
국사 교과 이해 문제	가상 토론에서 한국 독립을 위한 각각의 다른 입장을 제시한 후 역사적으로 연관되는 사례를 고르는 문제	중2, 중3 국사 교과

(2) 대원외고 2개년간 통합사회 구술 핵심 유형 문제

2005년 기출 문제(일반 전형)

[문제] 다음 두 자료의 사건은 모두 어떤 정치적 변화의 계기가 되었다. 수업 시간에 여러 학생들이 이러한 정치적 변화를 가능하게 했던 역사적 사건들을 조사 발표하였는데, 이들 중 적절한 사건을 제시한 학생들을 모두 고르고, 그 이유를 밝히시오.

16일에 왕은 교서를 내렸다. "……상중(喪中)에 서울에서 반란이 일어날 줄을 누가 생각이나 했겠는가? 반란 괴수 흠돌, 흥원, 진공 등은 능력도 없으면서 높은 지위에 올라 제 마음대로 위세를 부렸다." …… "28일에 이찬 군관을 죽이고 교서를 내렸다." …… "병부령 이찬 군관은 반역자 흠돌들과 관계하여 역모 사실을 알고도 일찍 말하지 아니하였다. 군관과 맏아들은 스스로 목숨을 끊게 하고 온 나라에 포고하여 두루 알게 하라." ―김부식《삼국사기》
김흠돌: 신문왕의 장인, 신문왕 즉위년에 진골 귀족들을 규합하여 반란을 일으켰다가 실패하였다.

제후들이 이미 강성해지자 칠극(七國)이 연합하여 반란을 일으켰다. …… 제후들의 자제가 많아지자 그들에게 나누어 줄 지위에 봉지(封地)가 부족하게 되었다. 이에 은혜를 베풀어 의를 행하도록 하여 그 세력을 약화시켰고,

그 덕은 모두 황실로 향하게 했다.—사마천《사기》

오초 7국의 난: 한 무제의 아버지인 경제 때에 이르러 제후국에 대한 압력이 시작되었다. 이에 위기의식을 느낀 오, 초 등 7개국 제후들이 연합하여 황실에 반기를 들었다가 완전히 진압되었다.

- 재은: 고려의 광종은 노비안검법과 과거제를 시행하였다.
- 경민: 김부식은 묘청의 서경 천도 운동을 진압하였다.
- 승인: 조선의 사람들은 유향소를 구성하여 백성을 교화하고 향론 행정을 보좌하였다.
- 재호: 조광조는 추천에 의한 인재 등용, 왕도 정치의 실현을 위한 노력을 기울였다.
- 소임: 조선 정조는 규장각, 장용영을 설치하였고 수원에 화성을 축조하였다.

[해답]: 재은, 소임

<분석 & 학습 방향> 제시문은 교과 외의 자료에서 인용하여 '배우지 않았다!'고 생각할 수 있다. 그러나 중2, 3학년 국사에서 왕권 강화와 관련된 고려와 조선의 시대사를 체계적으로 정리해 두었다면 별 무리 없이 풀 수 있는 문제다. 역시 평소에 학교 교과서의 심층적인 학습이 구술 면접의 바탕이 됨을 확인할 수 있다.

[문제] 올해는 대한제국(大韓帝國)이 일본에게 나라의 외교권을 빼앗긴 지 100주년이 되는 해이다. 다음은 당시를 가정하여 열린 가상 '심야 토론, 얘기합시다'에 토론자로 나온 이들의 대담이다.

'심야 토론, 얘기합시다─ 역사 토론, 오늘을 말한다!'

오늘 11월 17일은 다섯 대신의 묵시적인 찬성으로 일본에게 나라의 대외적인 국권을 강탈당한 날입니다. 이에 각계 대표를 모시고 지난날 우리 황실과 일본 황실과의 관계를 되돌아보고, 앞으로 우리들이 나아갈 바를 같이 고민해 보려고 합니다. 먼저 언론인 김방송 씨!

김방송: 힘 있는 자가 힘없는 자를 지배하는 것은 세상의 이치입니다. 온 국민이 단결하여 실력 양성에 힘써야 합니다. 공장도 세우고 새로운 문물을 적극적으로 받아들여 우리의 내면적인 힘을 길러야 합니다.

전의병: 무슨 그런 나약한 말씀을. 지금 당장에 총칼을 들고 일어서야 합니다. 이 땅은 이미 일본에 의해 외교적, 군사적으로는 물론 내정까지 완전히 점령되고 있습니다. 이들을 내쫓지 않고는 실력의 양성도, 국권의 회복도 기대할 수 없습니다. 하루라도 빨리 대규모 군대를 조직하여 이들과 싸우는 것이 우선입니다.

나교류: 일본은 러·일 전쟁을 통해 백인종의 아시아 침략을 막아 냈습니다. 일본과의 협조를 통해서만 황실의 안정이 유지될 수 있으며, 발전된 일본의 지도를 받는 것이 우리 사회의 근대화를 이룩하는 지름길입니다.

이주민: 황제 한 사람이 모든 권리를 가지고 온 국민이 그의 노예가 되어 있으니, 민족운동이 크게 일어나지 못합니다. 국민이 주인이 되는 사회를 만들어야 국민의 애국심이 높아집니다. 정치를 바꾸어 국민을 단결시키지 않고서는 나라를 찾을 수 없습니다.

출전:《살아 있는 한국사 교과서 2》

이 대담을 보고 각 모둠에서 비슷한 사례를 찾아보았다. 그 사례를 바르게 제시하지 못한 모둠을 찾고, 그 이유를 말하시오.

- 백두 모둠: 김방송과 관련된 사례로는 북학파 실학사상, 광무개혁 등이다.
- 금강 모둠: 전의병과 관련된 사례로는 나·당 전쟁, 청산리대첩 등이다.
- 한라 모둠: 나교류와 관련된 사례로는 고려 말 친원파 활동, 일진회 활동 등이다.
- 지리 모둠: 이주민과 관련된 사례로는 공주 명학소의 난, 독립협회 활동 등이다.

[해답]: 지리 모둠

<분석 & 학습 방향> 제시문은 교과서가 아닌 역사 관련 도서에서 발췌하였다. 이러한 문제를 풀어내기 위해서는 국사 교과 전반에 걸친 정리가 되어 있어야 한다. 학교 시험의 경우 조선 시대, 고려 시대 등 한정된 범위 내에서

만 보기 때문에 시대를 통틀어서 보는 통시대사적인 관점이 약할 수 있다. 따라서 교과서의 목차를 훑어보고, 본문을 숙독한 뒤에 연대표를 그려서 시대사의 특징을 정리할 정도가 되어야 한다. 더불어 평소에 역사 관련 책을 닳이 읽어 두면 역사를 꿰뚫어 보는 눈을 키우는 데 도움이 된다.

2005년 기출 문제(특별 전형)-변별력이 높은 시사 관련 문제

[문제] 다음 제시문이 이야기하고자 하는 경제 현상이 무엇인지 답하세요. 그리고 그 원인에 대해 간단하게 말해 보세요.

경기의 순환 과정에서 나타나는 인플레이션(inflation)은 물가(物價)가 상승함에도 불구하고 경기가 활성화되는 장점이 있는 반면, 디플레이션(Deflation)은 경기가 침체되지만 물가는 하락함으로써 서민 경제가 대체적으로 안정된다는 이점이 있다. 일반적으로 다양한 인플레이션과 디플레이션이 일정한 주기로 반복되지만, 때로는 이 두 가지 경제 현상의 문제점만이 드러나는 경우가 나타나기도 한다. 바로 경기 불황(不況) 속에서도 물가는 하락하지 않고 지속적으로 상승하는 현상이다. 제1차 세계 대전 이후 독일의 경제가 가장 대표적인 사례이다.

[해답]: 스태그플레이션

<분석 & 학습 방향> 일반 전형과는 달리 중등 교과 과정에서 다루지 않는 시사용어 문제. 정확한 배경 지식이 없으면 풀 수 없다. 평소에 꾸준히 신문과 다방면의 독서를 통해 시사 상식을 쌓아 두는 것만이 이런 문제 유형에 대처하는 방법이다. 교과서에 나오지 않고 학교 선생님도 가르쳐 주지 않았는데 이 문제를 맞힐 수 있을 정도의 실력자를 선별하기 위한 변별 장치라고 볼 수 있다.

2006년 기출 문제(특별 전형)

[문제] 다음 글을 읽고, '이것'이 무엇을 가리키는지 외래어로 말해 보세요.

옷을 입지 않고도 착용 후 모습을 볼 수 있는 매직미러, 벤치에 앉기만 해도 좋아하는 음악이 나오는 뮤직 벤치, 대형 스크린으로 변해 영화를 볼 수 있는 거실 창문.

공상과학영화에서나 볼 수 있었던 가상의 세계가 현실로 다가와 주거 문화의 새로운 패러다임으로 정착을 시도하고 있다. 집안에서 병원과 연결, 건강 체크를 할 수도 있고, 각종 홈쇼핑이나 뱅킹은 물론 간단한 민원서류도 발급받을 수 있다.

외부에서 집안의 가전제품을 마음대로 작동시키고 손끝 하나로 다양한 세상을 펼쳐 보인다. 이 같은 환경은 정보 통신의 환경인 '이것'이 아파트에도 속속 도입되고 있기 때문에 가능해진 것이다.

'이것'은 '신은 언제 어디에나 존재한다'라는 라틴어가 어원으로, 장소에 상관없이 언제 어디서나 컴퓨터, 네트워크에 자유롭게 접속할 수 있는 환경을 말한다. 지난 1988년 미국의 사무용 복사기 제조 회사인 제록스의 와이저(Mark Weiser)가 이 용어를 사용하면서 처음으로 등장했다.

[해답]: 유비쿼터스

<분석 & 학습 방향> 최근 이슈로 떠오르는 사회 현상에 대한 주관식 문제. 2005년 스태그플레이션 문제와 마찬가지로 변별력이 높다. 이 문제의 답을 쓴 학생들은 두 가지 유형이었다. "사회 시간에 선생님으로부터 설명을 들은 적이 있다"고 답한 학생과 "학교에서 전혀 배우지 않았으나 신문에서 본 적이 있다"라고 답한 학생이다.

교과서에 나오지 않았기 때문에 어렵게 느껴질 뿐이지 평소에 신문과 뉴스에 관심이 있다면 어렵지 않게 풀 수 있는 문제 유형이지만 변별력은 충분히 있는 문제이다.

<통합사회 구술 총평>

대원외고 통합사회 구술 문제의 출제 방향은 일반 전형의 경우 역사에 대한 전반적 이해를 묻는 내용이, 특별 전형의 경우 사회 시사적인 내용이 많은 비중을 차지하고 있다.

따라서 학교에서 사회와 국사 등의 수업을 듣되, 교과 내용과 연관된 책을 찾아 읽으면서 교과서에 살을 붙여 공부하는 과정이 꼭 필요하다. 특히 시사적인 내용이 다수 출제되는 만큼 신문과 잡지, 뉴스 등을 통해 최신 사회 동향에 관심을 갖는 것이 중요하다. 필요하다면 신문 사설이나 뉴스에서 최근 뜨는 신조어나 경제, 정치 등과 관련된 용어, 사회 이슈 등의 개념을 정리해 놓은 '사회 개념 노트'를 꾸준히 작성하는 것도 도움이 된다.

영어 구술

(1) 대원외고 2005~2006년 영어 구술 문항 분석

2005년 특별 전형 영어 구술

번호	주제	문제 유형
1	근대 서양 계몽주의	올바른 보기 고르기(배경 지식+독해 능력)
7	봉사 활동	빈칸 채우기(답은 우리말로)
8	운동과 신체의 영향	틀린 보기 고르기(내용 일치 문제)

대원외고의 구술 면접 문제는 대입 논·구술(본인의 견해 서술, 구술)과는 다르게 정답이 있다는 것이다. 모든 문제에는 주어진 보기가 있으며 그 보기 중에 하나를 알맞게 고르는 것이 무엇보다 중요하다. 그런 다음 학생들은 각자 고른 보기가 왜 올바른지 그 이유를 제시하여야 한다. 시험 현장에서는 감독관과 우리말로 진행했다.

2005년 일반 전형 영어 구술

번호	주제	문제 유형
3	전화상의 대화 내용	빈칸 넣기 → 이유 설명
4	미국의 시트콤	주어진 지문에 이어 보기 4개의 지문을 제시 → 글의 흐름에 맞게 순서 정하기

2005학년도 대원외고 구술 면접은 총 10문제가 출제되었고, 그중 2문제가 영어 지문 제시형 구술 문제로 출제되었다. 문제 형식은 빈칸 채우기와 글의 순서 정하기였고, 배점은 각각 4점과 5점이었다. 이번 구술 배점 영역은 4~6점으로, 차지하는 비중이 다른 외고에 비해 높지는 않았다.

2006년 특별 전형 영어 구술

번호	주제	유형	내용
1	독서	세부 내용 파악	5명 학생의 의견 제시-다른 의견 고르기
6	영어 제시문형 창의력	창의력 퀴즈	영어로 제시된 단순 계산 문제
7	향수	지칭 추론	본문에서 말하는 내용에 적합한 단어 연상

2006학년도 대원외고 특별 전형의 영어 구술 문제 난이도는 전년도와 비슷하여 타 외고에 비해 제시된 영문이 쉬운 편이었다. 단지 일반 전형에서와 마찬가지로 다른 외고 구술 문제에서 볼 수 없는 영어 제시문형 창의력 문제가 출제되어 단순 계산 문제라고 할지라도 영어 제시문을 독해할 수 없는 학생에게는 어려움을 주었다. 이는 동시에 영어 독해 능력이 있어도 수리력이 없는 학생에게는 난이도가 높게 느껴졌을 것이다.

2006년 일반 전형 영어 구술

번호	주제	유형	내용
2	영어 제시문형 창의력	수식 만들기	자동차 할부금 계산식 구하기
3	프로이트의 자아 심리학	연결하기	id, ego, superego 용어를 영어로 설명한 뒤, 구체적 상황을 지문으로 주고 위 용어와 연결하기
10	체벌 (Corporal Punishment)	세부 내용 파악 (복수 정답형)	6개의 지문 제시- 체벌에 찬성하는 입장 3개 고르기

일반 전형의 영어 구술은 전년도보다 지문의 길이가 길어지고, 문제의 난이도도 많이 상승되었다. 특히 3번과 10번의 경우 전반적으로 낯선 용어가 제시되어 당황한 학생들이 많았다. 그러므로 듣기뿐 아니라 독해도 대입 수능 수준(또는 그 이상)에 준하는 문제를 많이 접할 필요가 있다.

(2) 대원외고 2개년간 영어 구술 핵심 유형 문제

2005년 기출 문제(특별 전형)

8 다음은 운동에 대해 우리가 얼마나 알고 있는지에 대한 진술과 진위 여부, 그리고 그렇게 생각하게 된 이유들이다. 아래에 주어진 4쌍의 진술과 그에 대한 이유를 읽고, 진술에 대한 진위 판정이 잘못된 것을 달하세요.

a. 진술) The way to reduce the mid-section is to do belly exercise
   (False)

   이유) Many people believe that when specific muscles are exercised, the fatty tissues in the immediate area are burned up. The truth is that exercise burns fat from all over the body and not from one specific area, regardless of the type of exercise.

b. 진술) To keep physically fit, you need to exercise only once a week. (True)

   이유) Studies done by NASA show that some muscles lose their strength very quickly. After 48 to 72 hours, you must use the muscles again to re-establish the good physical effects.

c. 진술) If your breathing doesn't return to normal within minutes after you finish exercising, you've exercised too much. (True)

이유) Five minutes or so after exercising, your breathing should be normal, your heart shouldn't be beating, and you shouldn't be tired. Helpful exercise should not be overly difficult, unpleasant, and tiring.

d. 진술) Walking is one of the best exercise. (True)

이유) Walking helps circulation of blood throughout the boy and thus has a direct effect on your general feeling of health.

[해설]: 운동이 인체에 미치는 영향에 대한 진술의 진위 여부를 묻는 문제로 독해 수준은 쉬운 편이지만, 진술의 진위를 가리는 데 시간이 걸리는 문제.

2005년 기출 문제(일반 전형)

④ 주어진 문장 다음에 이어질 글의 순서를 번호로 말해 보세요.

> The one thing that separates Seinfeld* from most other comedies other than being a self-declared show about nothingness is its intricately** invented plots and storylines.
>
> * Seinfeld: 미국의 시트콤 제목 **intricately: 복잡하게

① For example, each episode of Seinfeld began with a quick scene to start off the action: then a commercial break occurs almost to give one time to consider just what might happen later on.

②On the other hand, Seinfeld takes multi-threaded adventures occurring at the same time by multiple characters and somehow manages to weave these separate adventures together into a single adventure.

③The show ends with what appears to be a clear ending but then returns from a final commercial break to reveal a last bit of irony for the show's characters to display.

④Other comedies from the past could manage but a single storyline and attempt to weave comedy out of that.

[해설]: 주어진 문장은 Seinfeld가 다른 코미디들과 구별되는 점이 복잡한 구성(plots)을 갖는다고 전제하고 있다. 우선 다른 코미디 구성을 제시(④)하고, Seinfeld의 차이점을 설명(②)한 뒤, 그에 대한 하나의 예(①과 ③)를 들고 있다.

2006년 기출 문제(특별 전형)

1 다음 중 나머지 네 명과 다른 주제에 관해서 말하고 있는 사람은 누구인지 말해 보세요. [2점]

누리: Every man who knows how to read has it in his power to

extend himself, to multiply the ways in which he exists, to make his life full.

상호: A person who is reading a great novel or biography lives a great adventure without disturbance to his peace of mind.

재은: Our civilization is the sum of the knowledge and memories accumulated by the generations that have gone before us.

인선: Nothing can take the place of reading - neither lectures nor images on a screen have the same power to enlighten.

영식: An evening spent reading great books does for our minds what a holiday in the mountains does for our bodies.

[해설]: 재은을 제외하고 나머지 사람은 독서에 관하여 말하고 있다. 재은은 문명에 대한 정의를 내리고 있다.

6 다음 글을 읽고 물음에 우리말로 답하시오. 〔2점〕

A total of 14 swimmers from Korea, Japan, Germany, and France meet at an international swimming championship. Each country sends a different number of swimmers, and each sends at least 1 swimmer. Korea and Germany send a total of 5 swimmers. Korea and Japan send a total of 6 swimmers. Which country has sent 5 swimmers?

[해설]: 우선, Korea=A, Japan=B, Germany=C, France=D라고 하자.

A+B+C+D=14, A+C=5, A+B=6이라는 조건에서 B+D는 9가 된다.

A, B, C, E는 모두 다른 숫자여야 하므로, 5명의 선수를 출전시킨 국가는 D인 France이다.

2006년 기출 문제(일반 전형)

2 Read the following and answer the question.

Jennifer bought a brand new sports car. The price of the car was $14,900 including sport wheels. an AM/PM CD stereo. and automatic transmission. The dealer gave her a $1,250 instant rebate on the price and 0% interest for 60 months. Jennifer made a down payment of $750. What would be the expression for Jennifer's monthly payments if she takes 60 months to pay the remaining balance? [4점]

① (14900 + 750 + 1250) / 60

② {14900 - (750 + 1250)} / 60

③ (14900 - 750 - 1250) × 60

④ {14900 + (750 - 1250)} / 60

⑤ 14900 / (750 + 1250 × 60)

[해설]: 지문을 해석해 보면 매달 할부금을 알맞게 계산한 방식은 ②번이다.

10 Listed below are British people's opinions about corporal punishment. Read those opinions and answer the question asked by your interviewer.

(A) 'Spare the rod and spoil the child' : especially in their formative years, before they have developed faculties of reason to which parents can try to appeal, children need to be taught the difference between right and wrong. A short, sharp expression of force, such as a smack or a spanking - which inflicts no serious or lasting damage - is an extremely effective method.

(B) The use of force is barbaric and there are many other methods that should instead be used to teach good behaviour: verbal correction, withholding of pocket money and so on. It is not morally permitted to cause pain to others even in a parent-child relationship.

(C) In the past too many school teachers have been over-ready to use the cane; and with the current fear of child abuse it is not appropriate to grant this right to teachers. This, however, is an argument against extreme empowerment of teachers, not against corporal punishment itself, which may retain a role in the home.

(D) Parental use of force teaches children that violence can be acceptable. Too many criminals, bullies and children with other behavioral disorders have been beaten as part of their upbringing. Parents are not necessarily trustworthy and many abuse the right of discipline.

(E) Spanking and smacking should be seen as part of a wider strategy of child-rearing. They should be used only selectively, for acts of wilful disobedience and misbehaviour, and only after milder forms of discipline--removal of privileges and addition of chores-- have failed.

(F) Clearly some techniques of discipline or motivation work in some cases, and fail in others. Of course a variety of methods should be used. and stronger penalties employed when weaker ones fail. But this need not be extended to physical force; the fact that there are so many other options shows this.

(A)~(F) 중에서 체벌에 찬성하는 입장에 해당하는 것 3개를 고르시오. [6점]

[해설]: 체벌이 효과적(effective method)이고, 여전히 가정에서 유효한 역할을 하며 (retain a role in the home), 선별해서 잘 사용해야 한다(They should be used only selectively)에서 그 해답을 찾을 수 있다.

창의력 구술

(1) 대원외고 2005~2006년 창의력 구술 문항 분석

2005년 기출 문제(일반, 특별)

특별 10번	CCTV 설치도	주어진 그림 - 올바른 위치 찾기 - 이유 제시
일반 7번	도시 간 유통량	유통량 공식 제시 - 선생님과 학생들의 질의 응답 내용에서 틀린 부분 찾기

특별 전형과 일반 전형에서 각 1문항씩 사고력 문제가 출제되었다. 당시 수학 문제를 출제하지 말라는 교육인적자원부의 입김이 작용해, 이 해에는 수학 관련 문제가 대폭 축소되었다.

2006년 기출 문제(일반 전형)-10문제 중 4문제 출제

문제 유형	문제 내용
사고 능력	여러 가지 상황을 생각해 가면서 알맞은 상황을 선택해야 하는 문제
추리 능력	해결할 수 있는 부분을 먼저 해결하면서 또 다른 해결할 수 있는 부분을 찾아내는 문제. 그래서 처음 해결할 수 있는 부분을 잘 찾아야 한다.

2006년 기출 문제(특별 전형)-10문제 중 4문제 출제

문제 유형	문제 내용
단순 해결 능력	문제를 푸는 데 어렵지는 않지만 끝까지 해결을 요하는 문제로써 어느 정도 풀다가 규칙을 찾아낼 수 있는 문제
문제 이해 능력	문제를 풀면서 답을 내는 형태가 아니라 문제를 읽으면서 문제 출제자의 생각을 이해해야 하는 문제

2006년도에는 다시 창의사고력 문제가 4문제까지 확대되었고, 난이도도 높아졌다. 창의력과 사고력, 수리력, 독해력 등의 능력이 복합적으로 필요한 문제로 평소에 비슷한 유형의 문제를 접하지 못한 학생들에게는 '매우 어렵다!'는 평가를 받았다.

(2) 대원외고 창의력 구술 핵심 유형 문제

2006년 기출 문제(일반 전형)

5 경주는 인화, 정진, 혜원, 예지와 팀을 이루어 상금 전액을 팀이 원하는 곳에 기부할 수 있는 게임에 참가하였다. 그 게임의 방식이 아래와 같고, 경주네 팀을 A팀, 상대방 팀을 B팀이라고 할 때, 1차 시기에서 경주네 팀이 얼마를 갖겠다고 하면 이 팀이 원하는 곳에 기부할 수 있는 금액이 최대가 되는지 생각해 보고 그 금액을 제안한 팀원을 고르시오. [5점]

<게임 방식>

A, B 두 팀은 200만 원의 돈을 합의하에 상금으로 나누어 가질 수 있다. 각 팀은 자신의 몫을 가능한 한 크게 만들어야 하지만 상대방과 합의를 이루어야 하는 제약이 있다. 게임이 시작되면 우선 A팀이 이 돈을 어떤 비율로 나누자고 제의한다. B팀이 이를 받아들여 합의에 이르면 게임은 바로 여기에서 끝나고, 두 팀은 합의된 비율로 돈을 나누어 갖는다. 만약 B팀이 이 제안을 만족스럽게 생각하지 않아 거부하면 게임은 2차 시기로 접어든다. 이번에는 B팀이 제의한 대로 돈을 나누어 갖는다. 만약 그 제안을 거부하면 게임은 3차 시기로 넘어가는데, 이때는 다시 A팀이 어떤 비율로 나눌 것인지를 제안한다. 하지만 게임은 이 단계에서 무조건 끝나게 되어 있으므로 이제는 B팀이 그 제의를 어떻게 생각하느냐와 상관없이 무조건 A팀이 제의한 대로 돈을 나누어야 한다. 그런데 이 게임의 독특한 점은 시기가 뒤로 갈수

록 나누어 가질 수 있는 돈의 크기가 줄어든다는 것이다. 1차 시기에서는 200만 원을 두 팀이 나누어 가질 수 있지만, 2차 시기에서는 100만 원을 가지고 나누어야 하며, 3차 시기에서는 50만 원으로 줄어든 돈을 가지고 나누어야 한다. 두 팀이 빨리 합의를 하지 못하고 시간을 지연시키면 공동으로 손해를 보도록 게임의 규칙을 만든 것이다.

경주: 200만 원   인화: 175만 원   정진: 150만 원   혜원: 100만 원
예지: 50만 원

[해답]: 정진- 150만 원

[해설]: 1차 시기에서 A팀이 B팀에게 금액을 제시- 받아들이지 않으면 2차 시기에서 B팀이 금액을 제시하고, 3차에서는 A팀이 제시한 금액을 B팀이 받아들이지 않을 경우 전체 금액 50만 원을 A팀이 모두 갖고 B팀은 하나도 받을 수 없으므로 B팀은 2차까지는 반드시 합의해야 한다.

2차에서는 B팀이 A팀에게 총 100만 원을 가지고 금액을 제시하므로 A팀은 B팀이 절반 이상인 50만 원 이상을 제시하는 경우 받아들이지 않고 3차로 넘어가게 된다. 그러므로 B팀은 모든 경우 받아 낼 수 있는 최대 금액이 50만 원이다.

결과적으로 A팀은 1차 시기에 150만 원을 제시할 수 있다.

9 A, B, C, D 네 개의 축구팀이 경기를 했다. 이 경기는 한 팀이 다른 세 팀과 모두 한 번씩 승부를 겨루는 방식으로 진행됐다. 그래서 각 팀당 3게임씩 모두 6게임이 벌어졌다. 그 결과 4팀의 전적과 골 득실 상황은

A팀: 1승 2무 (득점 7, 실점 4)

B팀: 승패는 모르지만 무승부는 없음 (득점 7, 실점 5)

C팀: 1승 1무 1패 (득점 6, 실점 8)

D팀: 전적 모름 (득점 0, 실점 3)

이고, B팀과 D팀의 경기는 1:0으로 B팀이 승리했다.

위의 상황을 고려하여 B팀과 C팀의 경기 결과는 몇 대 몇입니까? B팀와 C팀 순으로 말해 보시오. 〔6점〕

[해답]: 5:1

[해설]: i) 먼저 무승부를 보면 A팀이 2무, B팀이 1무이고, B팀은 무승부가 없으므로 D팀은 1무를 A팀과 가져야 한다. D팀이 득점이 없으므로 A팀과 0:0 무승브이다. 즉 D팀은 1무 2패이고, D팀과 C팀은 0:2이다.

ii) 전체 게임이 6게임이므로 모든 팀들의 승+무+패=12이고 승=패가 되어야 한다. 따라서 전체 2승 4무 3패이므로 B팀은 2승 1패가 되어야 한다.

iii) A팀은 패가 없고 B팀은 2승 1패이므로 A팀과 B팀의 경기는 A팀이 승이 되어야 한다. 따라서 A팀과 C팀은 무승부이다.

iv) A팀과 C팀을 x:x로 하면 A팀과 B팀은 7-x:4-x($\because$ A팀은 7득 4실이므로)이고 B팀과 C팀의 경기는 8-x:4-x($\because$ C팀은 6득 8실이므로)이다.

v) 따라서 B팀은 7득 5실이므로 4-x+8-x+1=7이 되어야 하므로 x=3

$\therefore$ B팀과 C팀은 5:1

	A	B	C	D	득/실
A		7-x:4-x	x:x	0:0	7/4
B	4-x:7-x		8-x:4-x	1:0	7/5
C	x:x	4-x:8-x		2:0	6/8
D	0:0	0:1	0:2		0/3

2006년 기출 문제(특별 전형)

⑤ 대원이가 해안 도시 A에서 섬㉱까지 배를 이용하여 가려고 한다. A에서 섬㉮까지 가는 데 하루가 걸리고, 모든 섬에서 다음 섬 사이 거리도 이와 동일하다. 그런데 배에는 3일 분량의 식량만을 실을 수 있으며, 각 섬에는 식량을 보관할 수 있는 저장고가 마련되어 있다. 식량을 고려할 때 A에서 ㉮-㉯-㉰-㉱의 각 섬을 거쳐 섬㉲에 도착하는 데 최소 며칠이 걸린다고 생각하는지 말해 보세요. [4점]

(단, 현재 도시 A에는 충분한 식량이 있고 각 섬에는 식량이 없다.)

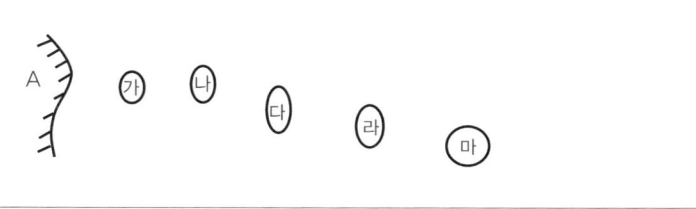

[해답]: 15일

[해설]: ㉰섬에서 2일치 식량을 저장할 수 있으면 ㉲섬까지 이동이 가능하다.

i) ㉮섬에 1일치 식량을 저장하고 A로 돌아오는 데 2일 걸린다.

㉯섬에 1일치 식량을 저장하려면 ㉮섬에 최소한 2일치 식량을 저장해야 된다.

따라서 ㉮섬에 2일치 식량을 저장하고 A로 돌아오는 데 4일 걸린다.

ii) ㉯섬에 1일치 식량을 저장하고 A로 돌아오는 데 8일이 소요된다. 그리고 ㉮섬에 추가로 1일치 식량을 저장하는 데 2일 소요된다. 그래서 ㉮섬에 1일치, ㉯섬에 1일치 저장하고 A로 돌아오는 데 10일이 걸린다.

따라서 ㉮섬까지 11일, ㉮섬에서 1일치 식량을 싣고 ㉯섬까지 12일, ㉯섬에서 1일치 식량을 실으면 배에는 3일치의 식량이 되면서 ㉰섬까지 13일, ㉱섬까지 14일, ㉲섬까지 15일에 도착한다. 그러므로 총 15일 걸린다.

대원외고 2005~2006년 영어 듣기평가(일반 전형) 유형 분석

2005년도 듣기평가 유형 분석

1	잘못된 그림 찾기	24	내용 일치(말하는 이에 대한 정보)
2	내용 일치(비행기 monitor)	25	세부 내용 파악
3	세부 내용(알맞은 날짜)	26	세부 내용 및 요지(아파트의 장단점)
4	어색한 대화	27	세부 내용 및 요지(직장의 장단점)
5	대화 장소	28	세부 내용(영화 장르)
6	내용 일치	29	속담(영어)
7	글의 주제	30	격언(우리말)
8	그림 순서	31	내용 일치
9	직업	32	세부 내용 파악
10	직업	33	두 사람의 관계
11	글의 요지(조언)	34	그림(주어진 사진과 일치하는 대화)
12	글의 요지(조언)	35	세부 내용 파악
13	글의 요지(조언)	36	세부 상황
14	내용 일치	37	말하기(응답)
15	지칭 추론	38	말하기(응답)
16	말하는 이의 심경	39	말하기(응답)
17	세부 내용	40	말하기(응답)
18	지칭 추론	41	말하기(응답)
19	내용 일치(메모 내용)	42	문장 완성(어구 넣기)
20	내용 일치	43	문장 완성(어구 넣기)
21	그림 일치	44	세부 내용 파악(말하는 이에 대한 정보)
22	액수(단순 계산)	45	내용 일치(미국 선거)
23	제목(영화)	합계	총 45문항

대원 외고 듣기평가 문제는 크게 세 분류의 유형으로 나눌 수 있다. 첫째는 빈칸 채우기, 주제문 찾기, 순서 찾기, 추론하기 등의 수능 유형이고, 둘째는 TOEIC과 TOEFL의 짧은 대화형이며, 셋째는 장문 청취 유형이다. 특히 대원 외고에서는 속담이나 고사 성어 등이 매년 출제되고 있으며, 통합사회나 최

근 시사 문제가 듣기평가로 한두 문제씩 출제되고 있다. 서울 지역 6개 외고 중 유일하게 특별 전형에서도 듣기평가를 실시했으며, '동북공정'과 같은 최근 시사 문제가 특별 전형에서 출제되었다.

2006학년도 듣기평가 유형 분석

1	알맞은 그림(동작)	24	세부 내용 파악(환불)
2	지칭 추론(한국 동요 속 동물)	25	지칭 추론(운동 경기)
3	알맞은 시각(계산)	26	지칭 추론
4	내용 일치	27	내용 일치(교통 법규)
5	영어 속담	28	사진과 일치하는 대화
6	내용 일치(편지 내용)	29	인물의 성격
7	지칭 추론(은행)	30	세부 내용 파악(가구)
8	두 사람의 관계	31	말하는 이의 심경
9	지칭 추론	32	글의 주제
10	지칭 추론과 내용 일치	33	액수(계산 문제)
11	내용 일치(지원서 양식)	34	지칭 추론(국제 기구)
12	직업	35	내용 일치
13	지칭 추론(날씨)	36	심경의 변화
14	글의 요지(조언)	37	내용 일치
15	내용 일치(그래프)	38	인물의 태도
16	내용 일치(하루 일과)	39	대화 완성
17	대화의 장소	40	말하기(응답)
18	화자의 주장	41	말하기(응답)
19	그림의 순서	42	말하기(응답)
20	사자 성어	43	말하기(응답)
21	인물의 성격	44	글의 장르
22	일기예보	45	지칭 추론(역사적 인물-김유신)
23	내용 일치(하루 일과)	합계	총 45문항

특별 전형의 듣기보다는 난이도가 쉬운 편이다. 45번은 배경 지식을 요하는 문제(김유신에 대한 내용의 지문을 제시하고 글의 종류와 인물을 묻는 문제)도

출제되었다. 대원외고에서는 시사 관련 문제('APEC에 관련된 내용' 등), 사자성어를 묻는 문제(설상가상), 단순 계산력 위주의 수리 문제 등도 계속 출제되고 있다.

대원외고 2개년간 영어 듣기평가 특이 유형 문제

2005년도 특이 유형 문제(일반 전형)

15 (한국 문화와 풍습)

다음을 듣고, 무엇에 관한 설명인지 고르시오.

① 족자 ② 벼루 ③ 병풍 ④ 화로 ⑤ 먹

30번. (속담)

다음 대화를 듣고, 남자의 마지막 말에 가장 잘 어울리는 격언을 고르시오.

① 가문보다 교육이 더 중요하다.

② 뒷간에 갈 적 다르고 올 적 다르다.

③ 종로에서 뺨 맞고 한강에서 눈 흘긴다.

④ 떡 줄 놈은 생각도 않는데 김칫국부터 마신다.

⑤ 용의 꼬리가 되느니 뱀의 머리가 되는 게 낫다.

45번. 통합사회―배경 지식

다음 설명을 듣고 그 내용과 일치하지 않는 것을 고르시오.

① 미국은 대통령 선거인단이 대통령을 선출한다.

② 각 주(states)의 선거인단 숫자는 인구 비례에 따라 결정된다.

③ 선거인단에 의한 대통령 선출은 12월에 있다.

④ 각 주 선거인단의 숫자는 정해져 있다.

⑤ 모든 주(states)의 선거인단은 선거에서 이긴 후보가 모두 차지한다.

2006년도 듣기평가 특이 유형 문제(일반 전형)

20 사자 성어

대화를 듣고, 남자가 처했던 상황에 해당되는 사자 성어(四字成語)를 고르시오.

① 동상이몽(同床異夢)

② 타산지석(他山之石)

③ 설상가상(雪上加霜)

④ 주마간산(走馬看山)

⑤ 권토중래(捲土重來)

34번. 시사 용어

다음을 듣고 'This'가 뜻하는 것을 고르시오.

① IAEA   ② ASEM   ③ OECD

④ WTO   ⑤ APEC

45번. 배경 지식—국사 인물

　　'This man'은 누구인지 다음에서 고르시오.

　　① 계백　　　② 이순신　　　③ 강감찬

　　④ 을지문덕　　⑤ 김유신

<분석 & 학습 방향> 대원외고 영어 듣기의 속도가 점점 빨라지는 추세이다. 기출 문제를 반드시 풀어 보고, 기출 문제 수준 이상으로 빨리 듣는 연습을 꾸준히 하는 것이 좋다. 또 계산이 필요한 수리 문제 등이 출제되므로, 들으면서 중요한 부분은 메모하는 습관을 몸에 익히는 것이 좋다.

　듣기평가에서도 시사 관련 문제가 자주 출제되므로 신문 등을 통해 최근 사회적 이슈에 관한 주제를 정리하고 이해해야 하고, 배경 지식을 요하는 문제도 출제되기 때문에 폭넓은 독해와 독서도 필요하다.

Tip

외고 대비 영어 듣기, 이렇게 공부하면 효과적이다!

1. 듣기평가의 주어진 문제를 푼다. 답지와 대조하여 결과를 확인한다.

2. 틀린 문제가 들릴 때까지 반복해서 듣는다. 들릴 때까지 계속 들어야 한다.

3. 받아쓰기를 한다. 받아쓰다가 놓친 부분은 들릴 때까지 반복하여 듣되, 잘 안 들리는 부분은 귀에 들리는 소리를 우리말로 기록한다. 예를 들어 'What are you up to?'라는 문장에서 'what are you' 구문에 대한 청각 이미지가 형성되어 있지 않을 때 '와라유'라는 의미 없는 소리가 들릴 수 있다. 이

때는 들리는 소리를 우리말로 그대로 적는다.

4. 받아쓰기가 끝난 후 답을 보면서 수정 작업을 한다. 받아쓰기에 사용한 펜과 다른 펜을 사용해 틀린 부분을 수정하고, 우리말로 기입한 부분은 영어로 적어 넣는다. 이 과정에서 새로운 어휘와 표현 등을 접하게 될 것이고, 평소에 알고 있던 개별 단어들이 다른 단어들과 함께 사용될 때 전혀 다른 소리를 낸다는 사실을 발견하게 될 것이다. 일상생활에서 사용되는 단어들의 90% 이상이 문장 속에서 연음 현상을 통해 전혀 다른 소리를 내는 것으로 알려져 있다. 이어 새로운 어휘 및 표현을 노트에 정리한다.

5. 수정된 노트를 보면서 다시 듣는다. 특히 놓친 부분에 집중해서 듣는다.

6. 소리 내어 따라 읽는다. 발음과 억양 모두 입에 익숙해질 때까지 반복한다.

7. 책을 덮고 버튼을 눌러 성우의 음성을 따라 읽는다. 마치 그림자처럼 대사를 바로 뒤따라 한다. 소리뿐 아니라 악센트도 흉내 낸다. 이 연습을 계속하면 발음과 억양에 현저한 변화가 생기고, 연음에 대한 청각 이미지가 발생되어 의미 없게 들리던 소리들이 새로운 의미를 가진 언어로 다가오면서 귀가 뚫리게 된다.

영어 Essay

개인의 영어 실력을 가장 확실하게 평가받을 수 있는 영역이 영어 에세이이다.

외국의 학생들도 에세이 부문을 상당히 어려워하며, 에세이를 잘 쓰면 '매우 똑똑하고 유식한 학생'이라는 평가를 받는다. 고품격의 영어 문장을 작성하기란 쉽지 않기 때문에, 외국 학생들도 꾸준한 연습을 하고 지도를 받는다.

대원외고에서 영어 및 외국어 에세이로 평가하는 전형은 특별 전형의 국제어과와 외국어 능력 우수자, 영어 능력 우수자 등이다.

▶ 이런 학생이 유리하다

에세이는 영어만 잘해서도 안 되고, 영어권 나라의 문화를 이해하는 정도의 감성적, 감각적 이해도 뒤따라야 한다. 토플 280점 이상의 뛰어난 실력을 갖추고 영어권 나라에서 2년 이상 거주한 학생, 즉 우리말로 논술을 쓰듯이 영어로 글을 쓸 때 자연스럽게 자신의 생각을 표현할 수 있고, 그만큼 배경지식과 어휘력도 풍부해야 높은 점수를 받을 수 있다. 따라서 영어를 유창하게 잘하지 않는 한 영어 에세이 점수가 반영되는 전형은 생각하지 않는 것이 좋다.

이런 이유로 국내에서 에세이 지도를 받기란 극히 어렵다. 어학원에서도 재미 교포이면서 학생을 가르친 경험이 있고, 제대로 된 학교 교육을 받았으며, 한국의 외고 입시 유형을 파악하고 있어야 하는 등 조건이 까다롭기 때문에 에세이 지도 교사를 구하기가 어렵다. 그래서 지방에서 강남에 위치한 어

학원으로 와 특강을 받고 가는 경우가 많다.

▶ 대원외고 에세이 유형 분석 & 학습 방향

에세이는 크게 주제 제시형(Independent Writing)과 지문 제시형(Integrated Writing)으로 나뉜다.

주제 제시형은 특정 주제를 주고 영문으로 A4 용지에 25~45줄로 작성하는 형식이다. 대원외고 2006년도 영어 특기자 에세이 주제는 ''세계로 뻗어 가는 한국인이 된다'를 실천하기 위한 방법에 대한 자신의 생각은?' 이었다.

주제 제시형은 비교적 쓰기가 수월해서 변별력이 그리 높은 편은 아니다.

한영외고 에세이 유형이 지문 제시형인데, 이는 지문을 주고 이를 해석한 뒤에 자신의 생각을 정리해 나가는 것이기 때문에 주제 제시형보다는 어렵다.

주제 제시형이 CBT 유형이라고 하면, 지문 제시형은 IBT 유형에 가깝다.

외고 입시 전문가에 따르면 "학생들의 영어 수준이 매년 높아지기 때문에 변별력을 높이기 위해 대원외고 측에서 앞으로 지문 제시형으로 문제 유형을 바꿀 가능성이 있다"고 분석한다.

따라서 평소에 영어 원서를 많이 읽고, 영어권 나라의 문화를 이해할 수 있는 뉴스나 방송 시청도 자주 하면서 배경 지식을 쌓음과 동시에 어휘력을 키우는 것이 최선의 대비 방법이다. 또한 토플 유형, 외고 입시 유형 등의 에세이 쓰기를 꾸준히 해 보는 것도 좋은 방법이다.

〈2006년 대원외고 에세이 주제, 점수별 답안, 만점 60점 기준〉

다음은 상중하 세 가지 유형의 에세이 답안이다. 주제별로 자신의 생각을 어떻게 풀어 가야 좋은 점수를 받을 수 있는지 살펴보자.

Name : 김 O O	(상)

Topic: '세계로 뻗어 가는 한국인이 된다'를 실천하기 위한 방법에 대한 자신의 생각은?

When a baby is born, the "world" to him is a small operation room in a hospital. Still, the place is too big for him. As he becomes older, the term "world" for him changes. His world extends from his crib, his house, his town, and finally, his country. And as he broadens his world, he develops his own way to overcome the hardships he faces. Like this boy, I am also preparing for the new world in my own way.

Although there are many ways to stretch out to the world, what is needed most is to know myself and my country's own culture. First, I need to know about myself. This is the most important part because I need to speak out with my own voice and assert my opinion when I face the bigger world. Otherwise, my thoughts will be the same as that of the others, and then, there would be no real "me" but another copy of other person. Next, I need to understand my culture, and think about what I can do with it. Studying the origins of Korea, or knowing what value our culture has will be the ways to understand it.

Second, I will interact with other people from other countries. Recently, I saw a job called "web diplomat" that introduces our culture and informs others about the knowledges that is often missed. One example is the case about the East Sea, the controversy between Japan and Korea about naming the East Sea, Sea of Japan, or East Sea. Although the results were not satisfactory, "web diplomats" contributed a lot to correct the common misconception that other people in the world have. Again, this will be the opportunity to know the position where I place in the world and extend it.

Facing and interacting with the world is a step that every person needs to take. And what is different between the people is the way they get through it. I am also preparing in my own way, and when the time passes by and I look back at myself, I am hoping that I would see a proud Korean girl who embraced and interacted with the entire world community.

창의력	표현력	논리력	합계
20	18	18	56

Name : 김 ○ ○	(중)

Topic: '세계로 뻗어 가는 한국인이 된다'를 실천하기 위한 방법에 대한 자신의 생각은?

Nowadays, it is quite important to know about other countries cultures and lifestyles. It means that globalized people get much more benefits than those who just know and care for their own. To be an international person, there are a variety of ways such as travelling around the world and making foreign friends through taking trips.

First, I think travelling is one of the best and most effective ways of getting information about other nations. People can experience in person and they can actually have opportunities to talk and interact with foreigners. Through this chance, people can compare and contrast the different living styles and etiquettes. This is a perfect method because everyone can become international in a short time.

Moreover, making foreign friends while taking a trip is also an excellent method to be globalized. With friends, people do not have to be hesitant whenever they become curious and wonder about anything. Also, they can keep in touch each other for a long time by meeting through messengers like MSN. They can talk about each other's traditions, history, and languages.

To sum up, going around the countries and having pen pals are very beneficial when people want to be international. There are other different ways, but I believe those two are the greatest. Koreans should keep advertising their country in order to become more known throughout the world.

창의력	표현력	논리력	합계
16	18	16	50

Name : 정 ○ ○	(하)

Topic: '세계로 뻗어 가는 한국인이 된다'를 실천하기 위한 방법에 대한 자신의 생각은?

As the world grows smaller, people all over the world will want to know other country's cultural and social things. In this time of the age, letting one's country know there own culture would make the country become the center of the world. It might look hard to be in the middle, however, when everybody makes an effort it will be easy. There are several ways for one can help develop.

First, to spread out Korean culture is to let know own's country to as many counties as one can. In the school works there should be schedule that teaches how to be in the middle of the world. First of all, be out going. When in other country, traveling, speak with people and let them know Korea if they didn't know.

Second, to study is to spread Korean things all over the world. For example, scientist have their own country but science doesn't. If one have a specialized job, you can use that as to help county be international. Be the leader of the one part of what you do, be honest, and behave good to other people. People will appreciate you and your country.

To sum up, let people know your country and be in the middle. Be kind and behave nice to everyone. If everyone just try this maybe on in a month and think about it, everything would change. A small penny makes a dollar.

창의력	표현력	논리력	합계
14	14	12	40

2006학년도 대원외고
일반 및 특별 전형 구술 면접 기출 문제

〈일반 전형〉

1 종례 시간에 담임선생님께서 어두운 표정으로 다음과 같은 시 한 편을 칠판에 써 놓고 나가셨다. 다음 날 학급회의 시간, 반 아이들이 모두 함께 선생님의 표정을 걱정하며 '우리 반의 문제점'이라는 주제로 토의하였다. 다음 중 선생님의 고민을 가장 잘 이해한 사람은 누구인지 말하고, 그 이유를 간단하게 설명하시오. 〔4점〕

〈선생님이 써 주신 시〉

도롱이옷 풀빛과 뒤섞여 있어

백로가 시냇가로 내려앉았네

놀라서 날아갈까 염려가 되어

일어날까 다시금 가만있었지

* 도롱이: 짚이나 풀로 엮은 옛날 비옷

현주: 지난번 우리 반 중간고사 성적이 너무 안 좋았잖아. 그날 교무실에
     청소하러 갔다가 성적 일람표를 펼쳐 놓고 골똘히 생각에 잠겨 계시
     는 선생님을 보았어. 몹시 낙담한 표정이셨어. 사실 요즘 우리 반 거

무 노는 데만 정신 팔고 있었다는 생각 안 드니?

미란: 글쎄. 나부터 반성해야겠지만, 지난번에 우연히 담임선생님과 학생부장 선생님이 말씀 나누시는 걸 들었어. 우리 반에 유독 지각생이 많다는 내용이었어. 담임선생님은 몹시 난처한 표정이셨는데 그때 참 찔렸어. 얘들아, 우리 지각하지 말자!

영숙: 나는 청소 시간마다 왠지 죄송스러운 마음이 많이 들어. 왜, 우리는 대강 해 놓고 놀 생각만 하고 뒷마무리는 선생님께서 다 하시잖아. 사실 주번이 할 일을 제대로 하는 것도 아니고. 선생님께선 뭔가 우리들의 책임감에 대해 꾸짖고 싶으셨던 게 아닐까?

면수: 난 좀 다른 생각이야. 우리 반 급훈이 '섬기는 마음'이잖아. 선생님은 '섬김'이 '굽힘'이 아니라 '사랑'이라고 하셨어. 난 왠지 요즘 우리 반이 예전처럼 화목하지 않다는 생각이 들어. 그게 다 우리가 서로를 배려하는 마음이 너무 부족하기 때문이 아닐까?

태원: 다들 너무 심각하게 생각하는 거 아냐? 지난주 백일장 하러 공원에 나갔을 때, 우리 정말 즐거웠잖아. 선생님께서 안 끼워 준다고 샘을 내실 만큼 우리 모습에 기뻐하셨고. 아마도 공부에만 찌들지 말고 주말엔 저 자연으로 떠나 보라는 멘트였을 거야.

2 Read the following and answer the question.

Jennifer bought a brand new sports car. The price of the car was $14,900 including sport wheels. an AM/PM CD stereo. and automatic transmission. The dealer gave her a $1,250 instant rebate on the price and 0% interest for 60 months. Jennifer made a down payment of $750. What would be the expression for Jennifer's monthly payments if she takes 60 months to pay the remaining balance? [4점]

① (14900 + 750 + 1250) / 60
② {14900 - (750 + 1250)} / 60
③ (14900 - 750 - 1250) × 60
④ {14900 + (750 - 1250)} / 60
⑤ 14900 / (750 + 1250 × 60)

3 Listed below are a figure and brief descriptions of terms psychologists use when referring to aspects of the personality.

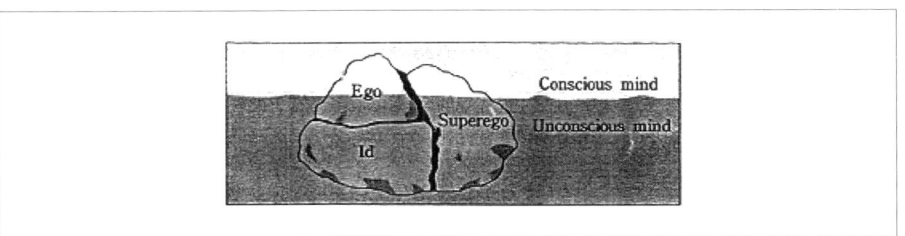

The Mind as an Iceberg

Sigmund Freud compared the human mind to an iceberg. The tip above the water represents consciousness, and the vast region below the surface symbolizes the unconscious mind. Of Freud's three basic personality structures--id, ego, and superego--only the id is totally unconscious.

(1) The id is the unconscious part of the personality whose impulses push for pleasure even if what is desired is not realistic or morally acceptable. The id is dominated by the pleasure principle, through which the individual is pressed for immediate satisfaction of his her desires.

(2) The ego is the arbitrator between the conflicting id and superego. Part of the ego's job is to choose the kinds of action that will satisfy id impulses without having undesirable consequences. Ego deals with reality. The ego learns to modify behavior by controlling those impulses that are socially unacceptable. Its role is that of mediator between unconscious impulses and acquired social and personal standards.

(3) The superego is the storehouse of an individual's values. including moral attitudes implanted by society. The term designates the element of the mind that automatically constrains those instinctual impulses of the id that tend to produce antisocial actions and thoughts. The superego includes the positive ego, or conscious self-image, or ego ideal, that each individual develops.

Which of the following personality factor took control of the decision-making process described below? [5점]

Michael hiked to the top of a cliff. As he looked at the environment around him, he got an urge to fly by leaping off the cliff. Instead he went to an amusement park and rode a roller coaster.

① id   ② ego   ③ ego ideal
④ superego   ⑤ unconscious mind

4 올해는 대한제국(大韓帝國)이 일본에게 나라의 외교권을 빼앗긴 지 100주년이 되는 해이다. 다음은 당시를 가정하여 열린 가상 '심야 토론, 얘기합시다'에 토론자로 나온 이들의 대담이다.

> **'심야 토론, 얘기합시다— 역사 토론, 오늘을 말한다!'**
> 오늘 11월 17일은 다섯 대신의 묵시적인 찬성으로 일본에게 나라의 대외적인 국권을 강탈당한 날입니다. 이에 각계 대표를 모시고 지난날 우리 황실과 일본 황실과의 관계를 되돌아보고, 앞으로 우리들이 나아갈 바를 같이 고민해 보려고 합니다. 먼저 언론인 김방송 씨!
> 김방송: 힘 있는 자가 힘없는 자를 지배하는 것은 세상의 이치입니다. 온 국민이 단결하여 실력 양성에 힘써야 합니다. 공장도 세우고 새로운 문물을 적극적으로 받아들여 우리의 내면적인 힘을 길러야 합니다.

전의병: 무슨 그런 나약한 말씀을. 지금 당장에 총칼을 들고 일어서야 합니다. 이 땅은 이미 일본에 의해 외교적, 군사적으로는 물론 내정까지 완전히 점령되고 있습니다. 이들을 내쫓지 않고는 실력의 양성도, 국권의 회복도 기대할 수 없습니다. 하루라도 빨리 대규모 군대를 조직하여 이들과 싸우는 것이 우선입니다.

나교류: 일본은 러 · 일 전쟁을 통해 백인종의 아시아 침략을 막아 냈습니다. 일본과의 협조를 통해서만 황실의 안정이 유지될 수 있으며, 발전된 일본의 지도를 받는 것이 우리 사회의 근대화를 이룩하는 지름길입니다.

이주민: 황제 한 사람이 모든 권리를 가지고 온 국민이 그의 노예가 되어 있으니, 민족운동이 크게 일어나지 못합니다. 국민이 주인이 되는 사회를 만들어야 국민의 애국심이 높아집니다. 정치를 바꾸어 국민을 단결시키지 않고서는 나라를 찾을 수 없습니다.

출전:《살아 있는 한국사 교과서 2》

이 대담을 보고 각 모둠에서 비슷한 사례를 찾아보았다. 그 사례를 바르게 제시하지 못한 모둠을 찾고, 그 이유를 말하시오. 〔5점〕

- 백두 모둠: 김방송과 관련된 사례로는 북학파 실학사상, 광무개혁 등이다.
- 금강 모둠: 전의병과 관련된 사례로는 나 · 당 전쟁, 청산리대첩 등이다.
- 한라 모둠: 나교류와 관련된 사례로는 고려 말 친원파 활동, 일진회 활동 등이다.

• 지리 모둠: 이주민과 관련된 사례로는 공주 명학소의 난, 독립협회 활동 등이다.

⑤ 경주는 인화, 정진, 혜원, 예지와 팀을 이루어 상금 전액을 팀이 원하는 곳에 기부할 수 있는 게임에 참가하였다. 그 게임의 방식이 아래와 같고, 경주네 팀을 A팀, 상대방 팀을 B팀이라고 할 때, 1차 시기에서 경주네 팀이 얼마를 갖겠다고 하면 이 팀이 원하는 곳에 기부할 수 있는 금액이 최대가 되는지 생각해 보고 그 금액을 제안한 팀원을 고르시오. 〔5점〕

〈게임 방식〉

A, B 두 팀은 200만 원의 돈을 합의하에 상금으로 나누어 가질 수 있다. 각 팀은 자신의 몫을 가능한 한 크게 만들어야 하지만 상대방과 합의를 이루어야 하는 제약이 있다. 게임이 시작되면 우선 A팀이 이 돈을 어떤 비율로 나누자고 제의한다. B팀이 이를 받아들여 합의에 이르면 게임은 바로 여기에서 끝나고, 두 팀은 합의된 비율로 돈을 나누어 갖는다. 만약 B팀이 이 제안을 만족스럽게 생각하지 않아 거부하면 게임은 2차 시기로 접어든다. 이번에는 B팀이 제의한 대로 돈을 나누어 갖는다. 만약 그 제안을 거부하면 게임은 3차 시기로 넘어가는데, 이때는 다시 A팀이 어떤 비율로 나눌 것인지를 제안한다. 하지만 게임은 이 단계에서 무조건 끝나게 되어 있으므로 이제는 B팀이 그 제의를 어떻게 생각하느냐와 상관없이 무조건 A팀이 제의한 대로 돈을 나누어야 한다. 그런데 이 게임의 독특한 점은 시기가 뒤로 갈수록 나누어 가질 수 있는 돈의 크기가 줄어든다는 것이다. 1차 시기에서는 200만

원을 두 팀이 나누어 가질 수 있지만, 2차 시기에서는 100만 원을 가지고 나누어야 하며, 3차 시기에서는 50만 원으로 줄어든 돈을 가지고 나누어야 한다. 두 팀이 빨리 합의를 하지 못하고 시간을 지연시키면 공동으로 손해를 보도록 게임의 규칙을 만든 것이다.

경주: 200만 원   인화: 175만 원   정진: 150만 원

혜원: 100만 원   예지: 50만 원

⑥ 어느 한 농장 주인이 아래 그림처럼 일정한 규칙에 의해 바나나와 사과를 위에서부터 아래로 배열해 놓았다. 이와 같은 규칙으로 계속 배열해 나간다면 10번째 줄에 놓일 바나나와 사과는 각각 몇 개인지 말해 보시오. 〔5점〕

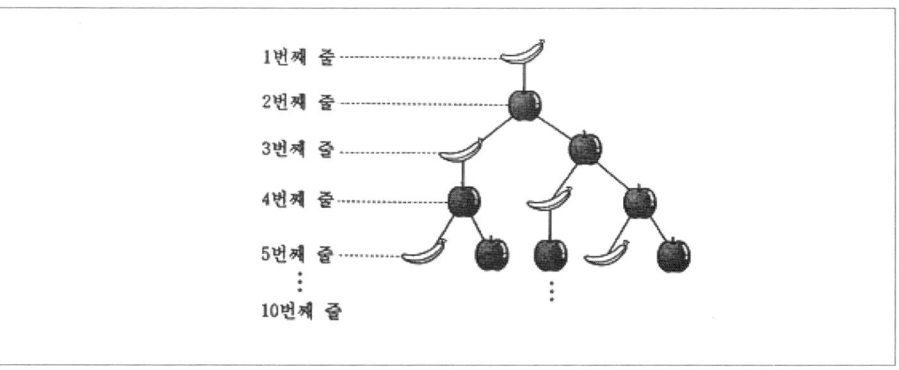

⑦ 아래의 표를 적절하게 활용하여 글쓰기 계획을 세우려고 한다. 주어진 자료를 바탕으로 문제점을 지적하고, 해결 방안을 제시하고자 할 때 가장 계획을 잘 세운 사람은 누구인지 고르시오. 〔5점〕

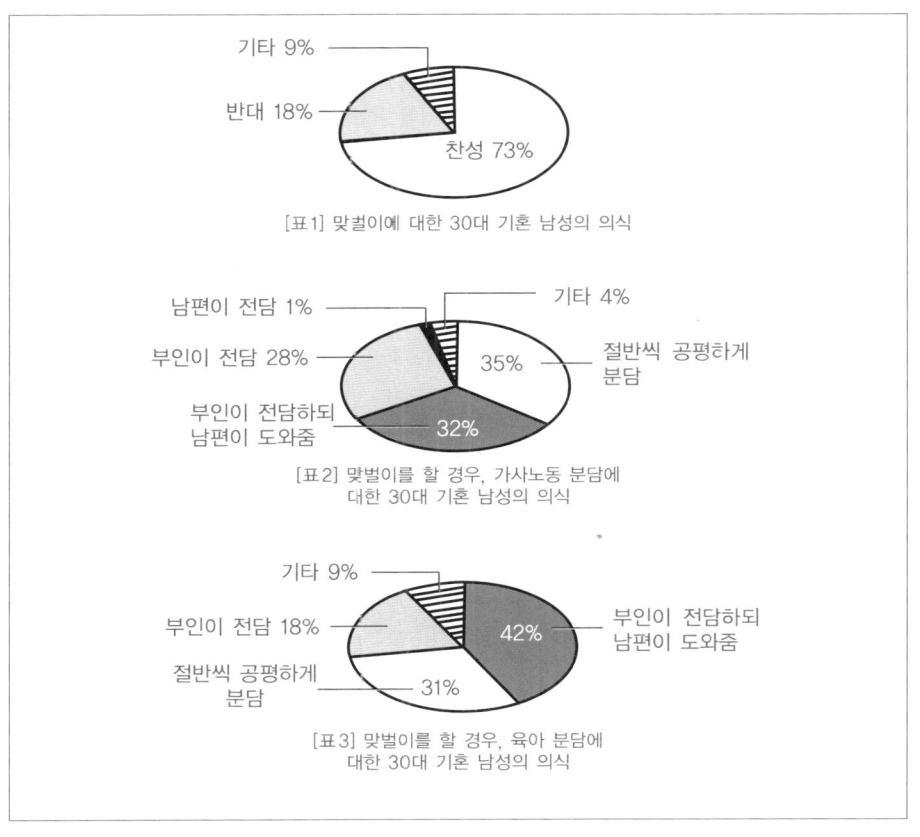

[표1] 맞벌이에 대한 30대 기혼 남성의 의식

[표2] 맞벌이를 할 경우, 가사노동 분담에
대한 30대 기혼 남성의 의식

[표3] 맞벌이를 할 경우, 육아 분담에
대한 30대 기혼 남성의 의식

현욱: 30대 기혼 남성들은 배우자가 직업을 갖는 것에 대해 너그러운 경향을 가지고 있으며, 아내의 직장 생활을 돕기 위해 가사노동과 육아에 있어서도 적극적이라는 사실을 보여 준다. 이를 바탕으로 맞벌이 부부의 가정에서 성 역할이 예전에 비해 비교적 긍정적인 방향으로 변화하고 있음을 증명해 보인다.

보아: 여성의 사회 참여 욕구가 점차 증대되고 있는 요즘의 실태를 든 후, 이러한 변화 욕구를 제대르 소화하지 못하는 30대 기혼 남성들의 크

수적 성향을 지적한다. 가사노동과 육아의 불평등한 역할 분담의 원인이 여기에 있음을 들어 맞벌이에 대한 30대 기혼 남성들의 의식 전환이 시급함을 강조한다.

정원: 30대 기혼 남성들은 배우자 직업을 갖는 것에 대해 긍정적이지만 가사노동과 육아의 역할 분담에 있어서는 다소 이기적인 의식을 가지고 있다는 점을 지적한 다음, 균등한 역할 분담에 대한 남성의 의식 전환이 필요하며 이를 위해 방송 매체 등을 통한 지속적인 캠페인 활동이 필요함을 주장한다.

준서: 30대 기혼 남성들이 배우자의 경제활동 참여나 가사노동의 분담에 있어서는 평등한 시각을 가지고 있으나 육아에 있어서는 여전히 여성이 중심이 되어야 한다는 이중적인 잣대를 가지고 있음을 보여 준 다음, 가정에서의 성 평등을 위해서는 육아에 대한 남성의 의식 변화가 필요함을 역설한다.

유진: 30대 기혼 남성들이 직장 생활과 함께 집안에서도 가사노동과 육아를 아내와 함께 분담해야 하는 실태를 제시한 다음, 그 이유는 30대 기혼 남성이 경제적인 이유에서 맞벌이를 은근히 바라고 있기 때문임을 지적하고, 문제의 해결을 위해서는 무엇보다 국가 경제가 안정되어야 함을 역설한다.

8 고정된 십자 모양의 틀에서 검정색 바둑알과 흰색 바둑알을 이동시키려고 한다. 이동 방법에는 두 가지가 있다. 즉, 빈칸으로는 한 칸 이동할 수 있고(이런 이동을 S라 한다), 다른 색 바둑알과 인접해 있고 그 다음 칸이 비어 있

으면 뛰어넘어 이동할 수 있다(이런 이동을 J라 한다).

아래 그림은 3회 이동한 예이다.

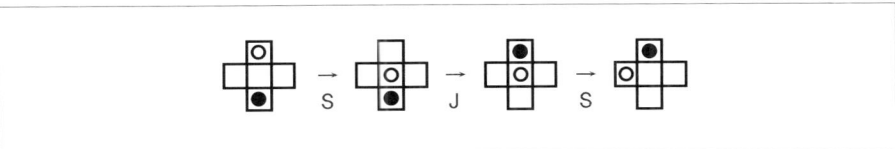

위의 두 가지 이동 방법을 따른다면

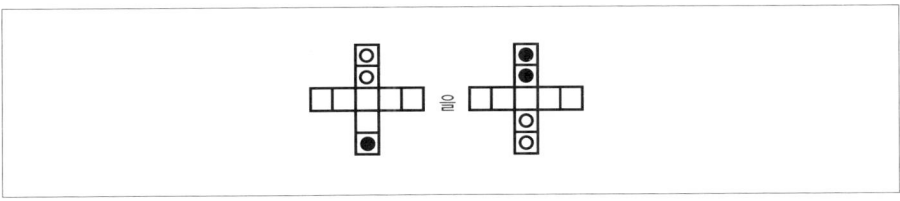

상태로 이동시킬 때, 가장 적은 이동 횟수를 말하시오. (단, 상하 좌우로만 이동할 수 있다.) 〔5점〕

9 A, B, C, D 네 개의 축구팀이 경기를 했다. 이 경기는 한 팀이 다른 세 팀과 모두 한 번씩 승부를 겨루는 방식으로 진행됐다. 그래서 각 팀당 3게임씩 모두 6게임이 벌어졌다. 그 결과 4팀의 전적과 골득실 상황은

A팀: 1승 2무 (득점 7, 실점 4)

B팀: 승패는 모르지만 무승부는 없음 (득점 7, 실점 5)

C팀: 1승 1무 1패 (득점 6, 실점 8)

D팀: 전적 모름 (득점 0, 실점 3)

이고, B팀과 D팀의 경기는 1:0으로 B팀이 승리했다.

위의 상황을 고려하여 B팀과 C팀의 경기 결과는 몇 대 몇입니까? B팀과 C팀 순으로 말해 보시오. 〔6점〕

10 Listed below are British people's opinions about corporal punishment. Read those opinions and answer the question asked by your interviewer.

(A) 'Spare the rod and spoil the child' : especially in their formative years, before they have developed faculties of reason to which parents can try to appeal, children need to be taught the difference between right and wrong. A short, sharp expression of force, such as a smack or a spanking - which inflicts no serious or lasting damage - is an extremely effective method.

(B) The use of force is barbaric and there are many other methods that should instead be used to teach good behaviour: verbal correction, withholding of pocket money and so on. It is not morally permitted to cause pain to others even in a parent-child relationship.

(C) In the past too many school teachers have been over-ready to use the cane; and with the current fear of child abuse it is not appropriate to grant this right to teachers. This, however, is an argument against extreme empowerment of teachers, not against corporal punishment itself, which may retain a role in the home.

(D) Parental use of force teaches children that violence can be acceptable. Too many criminals, bullies and children with other behavioral disorders have been beaten as part of their upbringing. Parents are not necessarily trustworthy and many abuse he right of discipline.

(E) Spanking and smacking should be seen as part of a wider strategy of child-rearing. They should be used only selectively, for acts of wilful disobedience and misbehaviour, and only after milder forms of discipline--removal of privileges and addition of chores-- have failed.

(F) Clearly some techniques of discipline or motivation work in some cases, and fail in others. Of course a variety of methods should be used. and stronger penalties employed when weaker ones fail. But this need not be extended to physical force; the fact that there are so many other options shows this.

(A)~(F) 중에서, 체벌에 찬성하는 입장에 해당하는 것 3개를 고르시오. [6점]

<特別 전형>

■ 다음 자료를 읽고, 면접관의 질문에 대답해 보세요.

1 다음 중 나머지 네 명과 다른 주제에 관해서 말하고 있는 사람은 누구인지 말해 보세요. [2점]

누리: Every man who knows how to read has it in his power to extend himself, to multiply the ways in which he exists, to make his life full.

상호: A person who is reading a great novel or biography lives a great adventure without disturbance to his peace of mind.

재은: Our civilization is the sum of the knowledge and memories accumulated by the generations that have gone before us.

인선: Nothing can take the place of reading - neither lectures nor images on a screen have the same power to enlighten.

영식: An evening spent reading great books does for our minds what a holiday in the mountains does for our bodies.

2 다음 글을 읽고, '이것'이 무엇을 가리키는지 외래어로 말해 보세요. [2점]

옷을 입지 않고도 착용 후 모습을 볼 수 있는 매직미러, 벤치에 앉기만 해도 좋아하는 음악이 나오는 뮤직 벤치, 대형 스크린으로 변해 영화를 볼 수 있는 거실 창문.

공상과학영화에서나 볼 수 있었던 가상의 세계가 현실로 다가와 주거 문화의 새로운 패러다임으로 정착을 시도하고 있다. 집안에서 병원과 연결, 건강 체크를 할 수도 있고, 각종 홈쇼핑이나 뱅킹은 물론 간단한 민원서류도 발급받을 수 있다.

외부에서 집안의 가전제품을 마음대로 작동시키고 손끝 하나로 다양한 세상을 펼쳐 보인다. 이 같은 환경은 정보 통신의 환경인 '이것'이 아파트에도 속속 도입되고 있기 때문에 가능해진 것이다.

'이것'은 '신은 언제 어디에나 존재한다'라는 라틴어가 어원으로, 장소에 상관없이 언제 어디서나 컴퓨터, 네트워크에 자유롭게 접속할 수 있는 환경을 말한다. 지난 1988년 미국의 사무용 복사기 제조 회사인 제록스의 와이저(Mark Weiser)가 이 용어를 사용하면서 처음으로 등장했다.

③ 다음 글을 읽고, A와 B에 해당하는 사회 현상을 각각 정확히 말해 보세요. [4점, 각 2점씩]

A. 집값과 땅값이 비싸기로 널리 알려진 ○○ 지역의 주민들이 갑자기 술렁이기 시작하였다. 국유지인 ○○ 지역 옆 야산 녹지에 장애인 학교를 건립한다는 계획이 발표되었기 때문이었다. 인근 지역의 주민들은 대표자들을 선출하여 연일 대책 회의를 열었다. 대책 회의에서는 대체로 다음과 같은 의견들이 그 결론으로 채택되었다.

'첫째, 장애인 학교는 혐오 시설의 일종으로 인식되고 있다. 둘째, 그 결과 그 주변에 사람들이 이주해 오지 않아서 학군의 가치가 떨어질 것이다. 셋째, 학군의 가치가 떨어지면 집값이 떨어져서 재산상의 손해를 보게 된다. 넷째, 굳이 이곳에 그 시설을 건립해야 할 이유가 없다. 그러므로 장애인 학교 설립을 적극 반대한다' 는 내용이었다. 대부분의 주민들은 그러한 결론에 동의하였다. 그리하여 다음 날부터 주민들은 피켓을 들고 꽹과리를 치면서 연일 농성을 계속하였다.

B. '돈이 되면 뭐든 환영한다', 최근 지방자치단체와 하부 행정단위들이 선호하던 산업 시설 유치에서 더 나아가 소음 시설, 쓰레기장, 방폐장 등 기피 시설 유치 경쟁에 혈안이 되고 있다. 혐오 시설을 기피하는 사회 현상과 대조되는 이러한 현상은 농촌 등 지역 경제가 워낙 침체한 데 따른 것으로, 지자체 등은 파격적인 인센티브 제공 등을 약속하며 치열한 유치전을 벌이고 있다.

OO시는 1987년 조성된 현 OO동 생활 쓰레기 매립장이 85% 이상 매립돼 오는 2007년께 포화 상태에 이를 것으로 보이자, 새 매립장 건설 지역에 대해 100억 원가량의 주민 편익 및 수익 시설 설치 자금 지원, 연간 4억 원 규모의 주민 지원 기금 활용 등 파격적 지원을 약속하며 지난해 말부터 1개월 동안 후보지를 공개 모집했다. 그 결과 OO면 OO리, △△면 △△리, ◇◇면 ◇◇리 등 3개 지역이 주민 85% 이상 동의로 신청하고 일부 지역의 시의원이 유치 추진위원장으로 나서는 등 과열 현상까지 보이고 있다.

※ 다음 글을 잘 읽고, **4**번 물음에 답해 보세요.

가. 얼마 전 지하철에 개를 데리고 탄 여자가 개똥을 치우지 않고 내린 일이 있었습니다. 누군가 이 장면을 찍어 인터넷에 올리자 순식간에 수많은 비난과 질책이 쏟아졌으며, 이 여자에게는 '개똥녀'라는 불명예스러운 이름까지 붙여졌습니다. 그러나 일부에서는 "너무 심한 것이 아니냐. 이는 현대판 (㉠)이다"라며 사회 구성원 가운데 한 사람을 집단적으로 따돌리거나 소외시키는 현상으로 보기도 했습니다.

나. 1484년 교황 이노센트 8세는 다음과 같은 교서(敎書)를 발표했다. '근래 북부 독일과 라인 지역에서 많은 남녀가 신앙으로부터 일탈하여― 갖가지 요사스런 마술로 논밭의 작물이나 과실을 망치고 태아나 가축을 죽이고― 많은 사람의 재난의 원인이 되고 있음을 우리는 큰 슬픔과 고통으로 듣고 있다― 그러므로 나는 신문관(訊問官)이 자유롭게 모든 방법을 다하여 누구라도 교정하고 투옥하고 처벌할 권한을 가질 것을 명한다."

4 가, 나 글을 참고하여 과거 유럽에서 있었던 종교적 희생양의 이미지에서 온 것이며, 절대 왕권이 형성된 이후에는 지배자들이 왕권을 공고히 하기 위해 반대 세력을 제거하는 수단으로 사용된 따돌림에서 유래한 이 말 (㉠)이 무엇인지 우리말로 말해 보세요. 〔3점〕

5 대원이가 해안 도시 A에서 섬⒨까지 배를 이용하여 가려고 한다. A에서 섬㉮까지 가는 데 하루가 걸리고, 모든 섬에서 다음 섬 사이 거리도 이와 동일하다. 그런데 배에는 3일 분량의 식량만을 실을 수 있으며, 각 섬에는 식량을 보관할 수 있는 저장고가 마련되어 있다. 식량을 고려할 때 A에서 ㉮-㉯-㉰-㉱의 각 섬을 거쳐 섬⒨에 도착하는 데 최소 며칠이 걸린다고 생각하는지 말해 보세요. (단, 현재 도시 A에는 충분한 식량이 있고 각 섬에는 식량이 없다.) 〔4점〕

6 다음 글을 읽고 물음에 우리말로 답하시오. 〔2점〕

A total of 14 swimmers from Korea, Japan, Germany, and France meet at an international swimming championship. Each country sends a different number of swimmers, and each sends at least 1 swimmer. Korea and Germany send a total of 5 swimmers. Korea and Japan send a total of 6 swimmers. Which country has sent 5 swimmers?

7 다음 글을 읽고, ZED(s)는 무엇인지 우리말로 말해 보세요. 〔2점〕

The world's most expensive ZEDs are made with a liquid called essence of roses, obtained from rose petals. An ounce of this essence cost more than an ounce of gold! This rose-petal essence cannot be obtained from just any garden of roses, but only from the valley of Roses in Bulgaria, where perfectly balanced climate and soil produce the finest rose scent in the world. These roses are harvested before daylight so the sun does not dry the petals. Once the essence from the Valley of the Roses is made, it is kept in locked bank safes that are fireproof and temperature-controlled. No wonder some ZEDs are so expensive!

8 아래 그림과 같이 둥근 모양의 호숫가 길을 따라 열 가구의 집이 있다. 가, 나, 다 집은 이틀에 한 번씩 쓰레기를 배출하고 나머지 집들은 매일 쓰레기를 배출한다. 쓰레기를 나르는 일의 양을 고려하여 쓰레기 수집장을 하나 설치할 장소로 가장 적당한 곳을 정해 보세요. [4점]

(단, 쓰레기 1회 배출량은 모든 집이 일정하다. 답은 '가' 집 앞 또는 '가' 집과 "나" 집 중간 등으로 해 주십시오.)

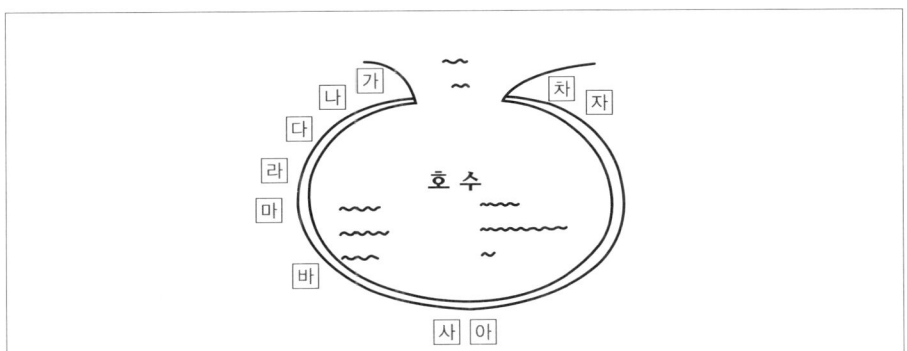

9 주말에 부모님과 자녀 4명인 어느 가족이 장난감 회사에서 장난감을 홍보하는 곳에 나들이를 갔다. 마침 그때 장난감 A를 조립하는 부품을 1인당 10개 이하씩 가져갈 수 있는 행사에 참여하여 식구 모두가 부품을 몇 개씩 가져왔다. 즐거운 기분으로 집에 와서 조립을 해 본 결과 다음 조건을 모두 만족하였다.

(1) 부모 두 명이 가져온 부품을 합치면 하나의 완제품을 만들 수 있다.

(2) 부모 중 한 명과 자녀 4명 중 한 명이 가져온 부품을 합치면 하나의 완제품을 만들 수 있다.

(3) 자녀 4명 중 적어도 3명이 가져온 부품을 합쳐야 완제품을 만들 수 있다.

이때, 장난감 A의 완제품을 만드는 데 필요한 부품은 최소 몇 가지인지 말해 보세요. 〔4점〕

(단, 장난감의 부품은 모두 다르다.)

※ 다음 글을 잘 읽고, **10**번 물음에 답해 보세요.

화가 머리끝까지 치솟은 맹효원, 자리를 박차고 일어나 마당에 내려선다. 그를 지지하는 친척 1, 2, 3, 4, 5, 6도 신발을 신고 마당에 내려선다.

맹효원: 맹씨 가문 망치지 마라. 선체 따위가 무엇이냐?

지지측: 맹씨 가문의 수치다. 예물 따위가 무엇이냐?

맹진사 역시 흥분해서 뜰로 내려와 맹효원과 대치한다. 그 뒤를 따라 쭈르르 친척 가, 나, 다, 라, 마, 바 지지하며 뜰로 내려선다.

맹진사: 뭣이 그리 대단하오? 초시, 초시, 기껏 초시.

맹효원: 세도와 재물 탐내지 마라.

　　　　화무십일홍(花無十日紅)이라 백년세도(百年勢道) 없더라.

지지측: 권세와 재물은 때 묻은 것. 양반 체통 지키며 살자.

맹진사: 기죽어 살지 말고 으쓱대며 살자는데 시미는 웬 시미요?

지지측: 지체 높게 살자는데 말릴 필요 뭐 있는가?

　그러다가 여기서부터 양측 지지파가 합세하여 움직인다.

맹효원: (버럭) 그러니 세도를 업자고 하나뿐인 무남독녀 외동딸을 선도 안 본 녀석에게 팔아넘기겠다 그 말이냐?

　열두 명의 친척들, 크게 찬의를 표하며 맹호원의 뒤로 몰려 합세하여 끄덕끄덕.

맹진사: 재물과 세도가 나쁠 건 또 뭡니까? 안 그렇습니까, 아저씨들?

　열두 명의 친척들 크게 수긍하고, 맹진사 뒤로 이동하여 끄덕끄덕. 음악 고조되는데,

맹호원: 좌우지간 마땅치 않다!

　　　　　　　　　　　　　　　　　　오영진《시집가는 날》

10 〔보기〕는 윗글에 대한 감상문의 시작 부분입니다. 이 감상문을 읽고 자신의 느낌을 말한 것 중에서 가장 적절한 말을 한 사람은 누구입니까? 〔3점〕

〔보기〕

예술 작품을 감상하는 방법엔 여러 가지가 있다. 이 작품은 그중에서 형상화된 세계에 자신을 비추어 봄으로써 자기 자신을 깨달아 가는 관점에서 감상을 하기에 적합한 작품이다. 이는 작품과 독자의 관계를 중시하는 감상법으로, 독자는 단순한 감상자가 아니라 능동적 참여자로 확장되며, 작품을 매개로 작자의 체험과 자신의 경험을 교섭시키면서 자신의 가치관과 세계를 확장, 수정해 간다. 우리는 이 작품의 등장인물을 중심으로 작품에 접근해 가면서 예술 작품 감상의 의미를 찾을 수 있게 된다.

철수: 이 작품은 공연을 하기 위한 것인데 중요하지 않은 등장인물이 너무 많은 것이 흠이군.

동찬: 맹진사의 헛된 욕망을 보면서, '과연 인간은 욕망으로부터 자유로울 수 없는 존재인가' 하는 생각을 해 보았어.

남욱: 작가는 시대를 뛰어넘어 존재하는 가치를 이 작품에 담고자 한 것이야.

형근: 이러한 글을 감상할 때는 인물 간의 갈등, 인물의 심리 상태 등을 파악해야 하므로 등장인물의 대사와 행동에 초점을 맞추어 읽어야겠군.

진만: 맹진사와 맹효원 사이의 갈등은 당시 여러 가지 모순이 있던 사회상이 원인이라고 할 수 있겠군.

자료 제공: (주)한외평 | 문의처: 02-539-0225